東
靑
龍

·

二

낭
송

논
어
/

맹
자

낭송Q시리즈 동청룡 02
낭송 논어/맹자

발행일 초판8쇄 2019년 3월 5일(己亥年 丙寅月 辛丑日)
지은이 공자, 맹자 **풀어 읽은이** 류시성 ㅣ **펴낸곳** 북드라망 ㅣ **펴낸이** 김현경
주소 서울시 종로구 사직로8길 24 1221호(내수동, 경희궁의아침 2단지)
전화 02-739-9918 **이메일** bookdramang@gmail.com

ISBN 978-89-97969-40-1 04140 978-89-97969-37-1 (세트) ㅣ 이 도서의 국립
중앙도서관 출판시도서목록(CIP)은 서지정보유통지원시스템 홈페이지(http://
seoji.nl.go.kr)와 국가자료공동목록시스템(http://www.nl.go.kr/kolisnet)에서
이용하실 수 있습니다.(CIP제어번호: CIP2014030326) ㅣ 이 책은 저작권자와 북
드라망의 독점계약에 의해 출간되었으므로 무단전재와 무단복제를 금합니다. 잘
못 만들어진 책은 서점에서 바꿔 드립니다.

책으로 여는 지혜의 인드라망, 북드라망 www.bookdramang.com

낭송
Q
시리즈

동청룡
02

낭송
논어/맹자

공자, 맹자
지음

류시성
풀어
읽음

고미숙
기획

티

▶ 낭송Q시리즈 『낭송 논어/맹자』 사용설명서 ◀

1. '낭송Q'시리즈의 '낭송Q'는 '낭송의 달인 호모 큐라스'의 약자입니다. '큐라스'(curas)는 '케어'(care)의 어원인 라틴어로 배려, 보살핌, 관리, 집필, 치유 등의 뜻이 있습니다. '호모 큐라스'는 고전평론가 고미숙이 만든 조어로, 자기배려를 하는 사람, 즉 자신의 욕망과 호흡의 불균형을 조절하는 능력을 지닌 사람을 뜻하며, 낭송의 달인이 호모 큐라스인 까닭은 고전을 낭송함으로써 내 몸과 우주가 감응하게 하는 것이야말로 최고의 양생법이자, 자기배려이기 때문입니다(낭송의 인문학적 배경에 대해 더 궁금하신 분들은 고미숙이 쓴 『낭송의 달인 호모 큐라스』를 참고해 주십시오).

2. 낭송Q시리즈는 '낭송'을 위한 책입니다. 따라서 이 책은 꼭 소리 내어 읽어 주시고, 나아가 짧은 구절이라도 암송해 보실 때 더욱 빛을 발합니다. 머리와 입이 하나가 되어 책이 없어도 내 몸 안에서 소리가 흘러나오는 것, 그것이 바로 낭송입니다. 이를 위해 낭송Q시리즈의 책들은 모두 수십 개의 짧은 장들로 이루어져 있습니다. 암송에 도전해 볼 수 있는 분량들로 나누어 각 고전의 맛을 머리로, 몸으로 느낄 수 있도록 각 책의 '풀어 읽은이'들이 고심했습니다.

3. 낭송Q시리즈 아래로는 동청룡, 남주작, 서백호, 북현무라는 작은 묶음이 있습니다. 이 이름들은 동양 별자리 28수(宿)에서 빌려 온 것으로 각각 사계절과 음양오행의 기운을 품은 고전들을 배치했습니다. 또 각 별자리의 서두에는 판소리계 소설을, 마무리에는 『동의보감』을 네 편으로 나누어 하나씩 넣었고, 그 사이에는 유교와 불교의 경전, 그리고 동아시아 최고의 명문장들을 배열했습니다. 낭송Q시리즈를 통해 우리 안의 사계를 일깨우고, 유(儒)·불(佛)·도(道) 삼교회통의 비전을 구현하고자 한 까닭입니다. 아래의 설명을 참조하셔서 먼저 낭송해 볼 고전을 골라 보시기 바랍니다.

▷ 동청룡: 『낭송 춘향전』, 『낭송 논어/맹자』, 『낭송 아함경』, 『낭송 열자』, 『낭송 열하일기』, 『낭송 전습록』, 『낭송 동의보감 내경편』으로 구성되어 있습니다. 동쪽은 오행상으로 목(木)의 기운에 해당하며, 목은 색으로는 푸른색, 계절상으로는 봄에 해당합니다. 하여 푸른 봄, 청춘(靑春)의 기운이 가득한 작품들을 선별했습니다. 또한 목은 새로운 시작을 의미하기도 합

니다. 청춘의 열정으로 새로운 비전을 탐구하고 싶다면 동청룡의 고전과 만나 보세요.

▷ 남주작 : 『낭송 변강쇠전/적벽가』, 『낭송 금강경 외』, 『낭송 삼국지』, 『낭송 장자』, 『낭송 주자어류』, 『낭송 홍루몽』, 『낭송 동의보감 외형편』으로 구성되어 있습니다. 남쪽은 오행상 화(火)의 기운에 속합니다. 화는 색으로는 붉은색, 계절상으로는 여름입니다. 하여, 화기의 특징은 발산력과 표현력입니다. 자신감이 부족해지거나 자꾸 움츠러들 때 남주작의 고전들을 큰소리로 낭송해 보세요.

▷ 서백호 : 『낭송 흥보전』, 『낭송 서유기』, 『낭송 선어록』, 『낭송 손자병법/오기병법』, 『낭송 이옥』, 『낭송 한비자』, 『낭송 동의보감 잡병편 (1)』로 구성되어 있습니다. 서쪽은 오행상 금(金)의 기운에 속합니다. 금은 색으로는 흰색, 계절상으로는 가을입니다. 가을은 심판의 계절. 열매를 맺기 위해 불필요한 것들을 모두 떨궈 내는 기운이 가득한 때입니다. 그러니 생활이 늘 산만하고 분주한 분들에게 제격입니다. 서백호 고전들의 울림이 냉철한 결단력을 만들어 줄 테니까요.

▷ 북현무 : 『낭송 토끼전/심청전』, 『낭송 노자』, 『낭송 대승기신론』, 『낭송 동의수세보원』, 『낭송 사기열전』, 『낭송 18세기 소품문』, 『낭송 동의보감 잡병편 (2)』로 구성되어 있습니다. 북쪽은 오행상 수(水)의 기운에 속합니다. 수는 색으로는 검은색, 계절상으로는 겨울입니다. 수는 우리 몸에서 신장의 기운과 통합니다. 신장이 튼튼하면 청력이 좋고 유머감각이 탁월합니다. 하여 수는 지혜와 상상력, 예지력과도 연결됩니다. 물처럼 '유동하는 지성'을 갖추고 싶다면 북현무의 고전들과 함께해야 합니다.

4. 낭송은 최고의 휴식입니다. 소리의 울림이 호흡을 고르게 하고, 이어 몸과 마음이 평온해집니다. 혼자보다 가족과 친구, 연인과 함께하시면 더욱 효과가 좋습니다. 또한 머리맡에 이 책을 상비해 두시고 잠들기 전 한 꼭지씩만 소리 내어 읽어 보세요. 불을 끄고 자리에 누워서는 방금 읽은 부분을 낭송해 보세요. 개운한 아침을 맞을 수 있을 것입니다.

5. 이 책 『낭송 논어/맹자』는 공자와 맹자의 가르침이 담긴 『논어』와 『맹자』를 풀어 읽은이가 그 편제를 새롭게 하여 엮은 발췌 편역본입니다. 『논어』와 『맹자』의 원 체재(體裁)는 이 책 말미에 실린 「논어/맹자」 원목차 부분을 참조하십시오.

차 례

『맹자』편

『논어』와『맹자』는 어떤 책인가

유쾌한『논어』,
위풍당당한『맹자』

1.

2009년, 구로의 한 공부방에서 아이들에게 『논어』를 가르쳤다. 어느 여름날이었다. 그날따라 제시간에 수업에 온 아이는 단 둘뿐이었다. 일곱 살이던 월심이와 여덟 살이던 재민이. 이날 내가 준비해 간 문장은 누구나 한 번쯤은 들어봤을 이 문장이었다.

나는 열다섯에 학문에 뜻을 두고[志學], 삼십에는 자립할 수 있었고[而立], 사십에는 판단에 혼란이 없게 되었고[不惑], 오십에는 하늘의 뜻을 알았고[知天命], 육십에는 다른 사람의 말을 들으면 곧바로 이치를 알게 됐고[耳順], 칠십에는 마음 내키는 대로 해도 법도를 벗어나지 않았다[從心所欲不踰矩].

하지만 수업은 시작부터 뜻밖의 암초에 부딪히고 말았다. 열다섯에 학문에 뜻을 두었다는 대목에 이르자(거의 시작하자마자!), 재민이가 번쩍 손을 들었다. "선생님! 열다섯이 뭐예요?" 순간 난 당황했다. 지금까지 단 한 번도, 그 누구도 이 문장에 그런 질문을 한 적이 없었기 때문이다. 더구나 열다섯은 감조차 잡지 못하는 일곱 살과 여덟 살. 그들에게 어떻게 삼십을, 사십을, 거기다 칠십을 설명하고 가르친단 말인가! 결국 나는 진도를 포기하고 말았다. 재민이와 월심이는 열다섯의 벽을 넘지 못한 채 꾸벅꾸벅 졸기 시작했다.

얼마나 지났을까. 아이들이 하나둘 오기 시작했다. 교실은 금방 떠들썩해졌다. 아이들은 곧 떠들고, 싸우고, 욕하고, 서로에게 물건을 집어던지며 장난치기 시작했다. 나는 전투력을 급상승시켜 그들을 차례차례 진압해 나갔다. 떠드는 아이들보다 더 큰 목소리로 소리를 지르고, 싸우는 아이들 틈에 들어가서 나도 같이 싸우고, 교실을 돌아다니는 아이들을 겨우 자리에 앉히고, 노트에 한자를 깨끗이 쓰게 하고. 이 와중에 나는 『논어』를 고함치듯이 가르쳤다. 아, 이 전쟁 같은 『논어』 교실!

수업이 끝나갈 무렵, 나는 어김없이 목이 쉬고, 녹초가 되어 버렸다. 그날 어떻게 문장을 설명하고 어떻게 가르쳤는지는 기억조차 나지 않는다. 단, 그날 아이들이 그 문장을 아주 또랑또랑하게 암송하던 장면만 기억난다. 우리는 대부분의 『논어』를 그렇게 배웠다. 심오한 뜻은 알지도 못한 채, 그저 소리 내어 읽고 외우고, 무작정 글자를 따라 쓰고, 몸으로 문장과 부딪쳤다. 그 결과는? 별거 없다. 수업이 무사히 끝났다는 것과 무지하게 배가 고팠다는 것.^^ 수업을 마친 후 아이들과 섞여 밥을 먹을 때, 그 밥맛은 그야말로 꿀맛이었다. 『논어』, 그것은 나에게 그런 책이었다. 와자지껄하고 시끄러운 가운데 함께 읽고 외우고 쓰던 책. 몸을 녹초로 만들어 버리던 책. 그리고 밥맛을 돌게 하던 책!

2.

『논어』는 재밌다. 누군가에게 이렇게 말하면 고개를 갸우뚱한다. 『논어』는 기본적으로 고리타분하고 뭔가 엄숙한 책일 것이라는 생각들을 가지고 있어서다. 하지만 『논어』를 읽자마자 사람들은 말한다. "『논어』가 이렇게 재밌는 책이었어?" 무엇이 『논어』를 이렇게 재밌는 책이게 할까?

　『논어』는 선생과 제자들의 수업풍경을 고스란히 담고 있는 텍스트다. 여기서 선생과 제자들은 옥신각신하기도 하고, 서로 뒷담화를 까기도 하고, 화를 내고 삐치기도 한다. 그러다가도 웃고 떠들고 이렇게 사는 게 정말 좋다고 말한다. 이 종잡을 수 없는 인간들의 모든 것을 한꺼번에 보여 주는 인물이 다름 아닌 공자다.

공자의 주특기는 자기 자랑이다. '난 이런 거 정말 잘해. 나보다 이런 거 잘하는 사람은 본 적이 없어. 내가 어느 정도 레벨은 되지.' 이런 식의 멘트들을 시도 때도 없이 날려 빵 터지게 한다. 거기다 제자들의 마음을 은근슬쩍 떠보고, 촌철살인의 코멘트들을 날리기도 한다. 그야말로 유쾌한 공자씨다.

『맹자』 또한 유쾌함의 진수를 보여 준다. 누군가 맹자에게 질문을 하면, 마치 둑이 터지듯 말이 쏟아져 나온다. 그 말을 찬찬히 따라가다 보면 정신줄을 놓고 말하는 맹자를 발견하게 된다. 질문과는 상관없는 동문서답을 하는 경우는 물론 자기가 알고 있는 것들을 한꺼번에 쏟아 내려다 논점을 이탈해 버리는 경우도 다수다. 그래서 읽다 보면 가끔 나도 혼미해지거나 넋을 잃게 된다. 가끔은 이런 생각마저 든다. '성인이라고 하는 양반들이 대체 왜 이래?'

또 하나. 맹자는 위풍당당함 그 자체다. 그는 절대 권력을 가진 왕 앞에서도 전혀 기죽지 않고 자기가 하고 싶은 말을 한다. 자기는 임금도 함부로 부를 수 없는 신하라고 당당히 선언하기도 하고, 자기 시대에 자기 말고는 인재가 없다는 말을 서슴없이 내뱉

기도 한다. 공자를 따라가려고 했던 사람이기 때문이었을까. 맹자도 자뻑이 좀 심하다.^^

물론 『논어』와 『맹자』에 이런 유쾌함과 당당함만 있는 것은 아니다. 사람들은 2,500년 이상 이 텍스트들에서 삶의 길을 묻고, 그 길찾기를 반복해 왔다. 그만큼 무게감이 있는 책인 것이다. 우리가 『논어』와 『맹자』, 하면 떠올리는 이미지도 저런 무게감에서 왔을 것이다. 하지만 나는 이렇게 묻고 싶다. 『논어』와 『맹자』를 읽고 또 읽게 만드는 원동력이 무엇이었을까? 나는 그것이 『논어』와 『맹자』의 기저에 깔려 있는 유쾌함과 당당함이라고 생각한다.

이 책에서 나는 이 유쾌함과 당당함을 그대로 보여 주고 싶었다. 그것을 최대한 살리기 위해서 문장을 뽑고 새롭게 목차를 짰다. 총 20편, 약 500문장으로 구성되어 있는 『논어』. 그것을 인간 공자의 진솔한 모습부터 제자들, 그들과 함께 토론하고 고민했던 삶의 문제들로 순서를 배열했다. 총 14편, 약 260편의 에피소드로 구성되어 있는 『맹자』. 그것도 맹자의 인간적인 면에서 시작해서 맹자가 만나고 논쟁하고 토론했던 사람들을 중심으로 배열했다. 유쾌한 수업풍경을 『논어』의 전체적인 밑그림으로 잡았다면, 『맹자』는 『맹자』 특유의 연극적 상황을 그대로 살리고자 했다.

3.

이 책의 사용법은 간단하다. 먼저 무조건 읽으면 된다. 여기에 어떤 의미가 있는지 묻기에 앞서 소리 내서 읽어 봤으면 좋겠다. 의미가 파악되면 파악되는 만큼, 그렇지 않으면 그렇지 않은 대로. 언젠가 같이 『논어』를 읽던 학인이 이렇게 말한 적 있다.

"인仁에 대한 문장을 여러 번 읽어도, 인仁이 뭔지 잘 모르겠더라고. 근데 그걸 읽은 다음날은 누군가의 얘기를 진심으로 들어주고 대답해 주게 되는 거 있지. 그러면서 내 마음도 꽉 차는 느낌이 들었어. 이런 게 인仁이구나 싶었어."

나는 이것이야말로 이 책을 읽고 낭송하는 이유라고 생각한다. 이 문장들은 단순히 의미를 파악하기 위해서 배열된 문장들이 아니다. 행동하도록, 그렇게 살도록 만들어진 문장들이다.

다음은 많이 써먹으라는 것! 이건 내가 처음 한문

을 배울 때 선생님으로부터 주문받은 것이기도 하다. 옹알이하듯 읽고 마는 게 아니라, 일상에서 적극적으로 써먹어 보라는 말이다. 그러면 그 문장들이 저절로 입에서 튀어나오거나 자기 말로 변주될 것이라고 하셨다. 그래서 나는 당시 모든 수업 후기를 『논어』의 문장들로 도배해 버리는 만행을 저지르고 말았다. 하지만 나는 선생님의 말을 확신한다. 이 책을 엮고, 누군가에게 소개할 수 있게 된 것도 바로 그 덕분이기 때문이다. 그러니 어디든 가서 막 써먹어 보시라!

자, 이제 마지막 주문! 배운 즉시, 누군가에게 가르쳐 주라는 것! 이것이 바로 옛 서당식 공부법이다. 서당에서는 『천자문』을 갓 떼면 바로 『천자문』을 가르치고, 『소학』을 갓 떼면 바로 『소학』을 가르쳤다. 그래서 열 살도 채 안 된 아이가 자기보다 나이 많은 학생의 선생 노릇을 하기도 했다. 배우고 가르치는 데는 경계가 없다. 그러니 읽고 소화한 말들을 과감하게 누군가에게 알려 줘라! 사실 이것은 『논어』와 『맹자』를 공부하는 아주 오래된 방법이기도 하다.

무조건 읽고 써먹고 가르쳐 주기! 이것이 이 책을 제대로 사용하는 유일한 방법임을 기억하자!

4.

2014년 여름, 나는 백수들과 함께 다시 『논어』를 읽었다. 백수의 원조격인 공자를 통해, 백수로서 살아갈 방도를 찾아보자는 의도였다. 뜻밖에 이 길에 『맹자』도 뛰어들었다. 『논어』와 『맹자』는 그렇게 우리의 뜨거운 여름을 책임져 줬다. 여름은 청년의 계절이다. 그래서일까. 이 계절에 다시 만난 공자와 맹자는 나에게 청년들로 다가왔다. 그들은 어떤 것 앞에서도 쉽게 굴하지 않는 당당한 청년들이었다. 거기다 일정한 직업도 없이 천하를 떠돌아다니던 백수들이지 않은가. 우리와 처지가 비슷한 춘추전국시대의 청년-백수들!

나는 궁금해졌다. 어떻게 빈손으로 천하를 떠돌 수 있었을까? 그러면서도 어찌 이렇게 당당하게 살아갈 수 있었을까? 그 단서는 『논어』의 첫 문장에 있었다. "배우고 때에 맞게 익히면 즐겁지 않겠는가. 벗이 먼 곳에서 찾아오면 기쁘지 않겠는가. 남들이 알아주지 않아도 성내지 않는다면 군자가 아니겠는가." 자신의 뜻을 알아주는 친구들과 함께 공부하면서 천하를 떠돌던 존재들. 아무도 알아봐 주지 않아서 백수로 떠돌아야 했던 공자와 맹자, 그들을 멀리

서부터 찾아왔던 친구들. 그리고 그들의 공부. 이것이 공자와 맹자를 백수이면서도 당당한 청년이게 한 것이다.

『논어』와『맹자』. 그것은 나에게 공부와 우정의 메신저였다. 이 시대의 청년백수인 나는 이 책들로 사람들을 만나고, 배우고, 공부하면서 먹고산다. 공부와 우정 그리고 밥. 이제 나에게『논어』와『맹자』는 '밥맛이 돌게 하는 책'을 넘어 '밥이 되는 책'이 됐다. 물론 아는 것은 아직 쥐뿔도 없다. 허나, 놀랍게도『논어』와『맹자』는 나처럼 어리숙한 사람에게도 기꺼이 밥이 되어 돌아와 준다. 이제 나는 기원한다. 이 낭송책을 읽는 누군가에게도『논어』와『맹자』가 밥이 되는 길이 열리기를.

공자께서 말씀하셨다. "배우고 때에 맞게 익히면 기쁘지 않겠는가. 벗이 멀리서 찾아오면 즐겁지 않겠는가. 남이 알아주지 않더라도 성내지 않는다면 군자君子가 아니겠는가."

공자께서 말씀하셨다. "내가 하루 종일 먹지도 않고, 밤새 자지도 않고 생각만 해본 적이 있었는데, 얻은 것이 하나도 없었다. 배우는 것만 못했다."

공자께서 말씀하셨다. "아는 것은 좋아하는 것만 못하고, 좋아하는 것은 즐기는 것만 못하다."

자하가 말했다. "날마다 모르던 것을 알아가고, 달마다 안 것을 잊어버리지 않으면, 배우기를 좋아한다고 말할 수 있다."

낭송Q시리즈 동청룡
낭송 논어/맹자

『논어』 편

『논어』

1부
공자와 제자들의 달콤살벌한 교실

1-1.
나는 배우기를 좋아하는 사람이다!

태재太宰: 나라의 정치를 총괄하는 관리. 요즘의 국무총리 정도의 직책가
자공子貢에게 물었다. "공자孔子께서는 성인聖人이신
가? 어찌 그리도 다재다능하신가?" 자공이 대답했다.
"원래 하늘이 보내신 성인이신데, 거기다 다재다능하
기까지 하십니다." 공자께서 이 말을 듣고 말씀하셨
다. "태재가 나를 아는구나! 나는 젊어서 천하게 살았
기 때문에 여러 가지 비천한 일에 능한 것이다. 하지
만 군자가 다재다능해야 할까? 그렇지 않다." 이 말을
들은 제자 뇌牢가 말했다. "선생님께서 '나는 등용되
지 않았기 때문에 여러 재주를 익히게 되었다'고 말
씀하신 것이다." _「자한」(子罕). 06

공자께서 말씀하셨다. "나는 태어나면서부터 아는

사람이 아니다. 옛것을 좋아해서 부지런히 그것을 추구한 사람이다."_「술이」(述而), 19

공자께서 말씀하셨다. "열 가구 정도가 사는 작은 마을에도 반드시 나처럼 충실하고 신의가 있는 사람이 있겠지만, 나처럼 배우기를 좋아하는好學 사람은 드물 것이다."_「공야장」(公冶長), 28

공자께서 말씀하셨다. "학문은 나도 남과 다를 바 없지만, 몸소 실천하는 군자의 자세는 내 아직 갖추지 못했다."_「술이」, 32

공자께서 말씀하셨다. "아마 알지도 못하면서 함부로 행동하는 사람이 있겠지만, 나는 그런 일이 없다. 많이 듣고 그 중에서 좋은 것만 선택해 따르고, 많이 보고 그것을 기억한다. 그러면 태어나면서부터 아는 사람의 다음은 될 것이다."_「술이」, 27

공자께서 말씀하셨다. "묵묵히 마음속에 새기고, 배우기를 싫증내지 않으며, 가르치는 것을 게을리 하지 않는다. 내가 이런 일들을 하는데 무슨 어려움이 있겠는가?"_「술이」, 02

공자께서 말씀하셨다. "나가서는 공경公卿: 벼슬이 높은 사람을 섬기고, 들어와서는 부형父兄: 아버지와 웃어른들을 섬긴다. 장례에는 정성을 다하고, 술로 제 정신을 잃지 않는다. 내가 이런 일들을 하는데 무슨 어려움이 있겠는가?"_「자한」, 15

공자께서 말씀하셨다. "부富가 추구해서 얻을 수 있는 것이라면, 채찍을 잡는 마부 노릇이라도 하겠다. 하지만 추구한다 해도 얻을 수 없는 것이라면, 내가 좋아하는 일을 하겠다."_「술이」, 11

공자께서 말씀하셨다. "거친 음식을 먹고 맹물을 마시며, 팔을 굽혀 베개 삼고 누워도 즐거움이 그 속에 있다. 의롭지 못한 부귀富貴는 나에게 뜬구름과 같은 것이다."_「술이」, 15

자공이 말했다. "여기에 아름다운 옥이 있다면 상자에 넣어 보관하시겠습니까? 아니면 좋은 장사치를 찾아서 파시겠습니까?" 공자께서 말씀하셨다. "팔아야지! 팔아야지! 나는 나를 알아주는 장사치를 기다리고 있느니라."_「자한」, 12

공자께서 말씀하셨다. "나를 알아주는 사람이 없구나!" 자공이 말했다. "어째서 선생님을 알아주는 사람이 없다고 하십니까?" 공자께서 말씀하셨다. "하늘을 원망하지도 않고, 사람을 탓하지도 않는다. 일상적인 것부터 배워서 심오한 이치에 도달했다[下學上達]. 아마도 나를 알아주는 것은 저 하늘이겠지!"_「헌문」(憲問), 36

섭공葉公: 섭 땅의 제후이 자로에게 공자에 대해 물었다. 자로가 대답하지 못했다. 이를 들은 공자께서 말씀하셨다. "너는 어째서 '그의 사람됨이 무언가에 분발하면 먹는 것도 잊고, 도를 즐기느라 근심조차 잊으며, 늙음이 다가오는 것도 모르는 사람'이라고 말하지 않았느냐!"_「술이」, 18

공자께서 말씀하셨다. "나는 열다섯에 학문에 뜻을 두었고[志于學], 삼십에는 자립할 수 있었고[而立], 사십에는 판단에 혼란이 없게 되었고[不惑], 오십에는 하늘의 뜻을 알았고[知天命], 육십에는 다른 사람의 말을 들으면 곧바로 이치를 알게 됐고[耳順], 칠십에는 마음 내키는 대로 해도 법도를 벗어나지 않았다.[從心所欲 不踰矩]_「위정」(爲政), 04

1-2.
안 되는 줄 알면서도 하려는 자

자로가 노나라의 석문石門: 노나라의 성 밖에 있는 문 밖에서
잤다. 다음날 아침 문 안으로 들어갈 때 문지기가 물
었다. "어디에서 오시오?" 자로가 대답했다. "공씨의
집에서 왔소." 문지기가 말했다. "아, 그 안 되는 줄 알
면서도 해보려고 하는 사람 말이오?"_「헌문」, 39

공자께서 위衛나라에 머무실 때 경쇠옥이나 쇠 또는 돌로 만
든 타악기를 연주하고 계셨다. 삼태기흙이나 거름 등을 담아서
나르는 기구를 메고 공자의 집 앞을 지나가던 사람이 말
했다. "뜻이 담겨 있구나, 저 경쇠 소리에!" 조금 더 들
은 후에 말했다. "비루하구나! 땡땡거리는 소리여! 자
기를 알아주는 이가 없으면 그만두면 될 것이지…….
물이 깊으면 옷을 벗고 건너고, 물이 얕으면 옷을 걷

고 건널 일이다." 이 말을 들은 공자께서 말씀하셨다. "과감하구나. 세상을 버리는 것이. 하지만 그런 일은 어려운 것도 아니지!"_「헌문(憲問)」, 40

초楚나라의 미치광이 접여接輿가 노래를 부르면서 공자의 수레 옆을 지나갔다. "봉황이여! 봉황이여! 어찌하여 덕이 그렇게 쇠퇴하였느냐? 지나간 일을 어찌하리오. 닥쳐올 일이나 잘해야지. 그만두어라! 그만두어라! 지금 세상에 정치하는 놈들은 참으로 위태롭도다." 노래를 들은 공자께서 수레에서 내려와 그와 이야기하고자 하셨다. 접여가 재빠르게 피해 버리니 그와 더불어 이야기할 수 없었다._「미자」(微子), 05

은둔자인 미생무微生畝가 공자께 말했다. "너는 어찌 그리도 황급하게 돌아다니느냐? 말재주를 부려서 세상과 영합하려는 것이 아니냐?" 공자께서 대답하셨다. "말재주나 부리려는 것이 아닙니다. 세상의 고루함을 싫어하는 것입니다."_「헌문」, 33

장저長沮와 걸익桀溺이 나란히 밭을 갈고 있었다. 공자께서 그곳을 지나가다 자로를 시켜 나루터가 어딘지 물으셨다. 장저가 말했다. "저 수레에서 고삐를 잡고 있는 사람은 누구인가?" 자로가 대답했다. "공구공자입니다." 장저가 말했다. "노나라의 공구 말인가?" 자로가 대답했다. "그렇습니다." 장저가 말했다. "그 사람이라면 나루터가 어딘지 알 것이다." 이번엔 자로가 걸익에게 나루터가 어딘지 물었다. 걸익이 말했다. "그대는 누구인가?" 자로가 말했다. "중유仲由: 자로라고 합니다." 걸익이 말했다. "노나라 공구의 제자인가?" 자로가 말했다. "그렇습니다." 걸익이 말했다. "흙탕물이 거침없이 흐르고 퍼져서 천하가 모두 그러한데, 누가 그것을 바꾸겠는가? 그대는 사람을 피해 다니는 공자 같은 선비를 따르기보다, 세상을 피해 사는 우리 같은 선비를 따르는 것이 어떤가?" 그러고는 씨를 심고 흙 덮는 일을 멈추지 않았다. 자로가 수레로 돌아와 그대로 말했다. 공자께서 머쓱한 모습으로 말씀하셨다. "사람을 떠나서 짐승들과는 어울려 살아갈 수 없는 법이다. 내가 세상 사람들과 함께 하지 않고 누구와 함께 하겠는가? 천하에 도道가 있다면, 내가 너희들과 함께 세상을 바꾸려 하지도 않았을 것이다." _「미자」, 06

의儀: 위나라의 마을 땅의 국경을 지키는 관리가 공자를 만나고자 했다. "군자가 이 지역에 오면 내 만나 보지 않은 적이 없었다." 공자의 제자들이 만나게 해주었다. 그가 공자를 만나고 나와서 말했다. "그대들은 공자가 벼슬을 잃은 것을 어찌 걱정하는가? 천하에 도道가 사라진 지 오래되었다. 하늘이 장차 공자를 목탁木鐸: 사람을 가르쳐 바르게 이끌 사람으로 삼으실 것이다." _「팔일」(八佾), 24

1-3.
가르치기를 게을리하지 않는다

공자의 마굿간에 불이 났다. 마침 공자께서 퇴청하시
다 이것을 보셨다. "사람이 다쳤느냐?"라고 물으신
뒤에 말에 대해 물으셨다. _「향당」(鄉黨), 12

공자께서 말씀하셨다. "군자君子가 갖춰야 할 도道는
세 가지인데, 나는 어느 것도 제대로 하는 게 없다. 인
仁한 사람은 근심하지 않고, 지혜로운 사람은 미혹되
지 않고, 용기 있는 사람은 두려워하지 않는다." 이를
듣고 자공이 말했다. "선생님께서 자신을 두고 하신
말씀이다." _「헌문」, 29

공자께서 말씀하셨다. "내 어찌 성인聖人과 인자仁者를
자처하겠는가? 그러나 성인과 인자의 도를 배우는

것에 싫증내지 않고, 남을 가르치는 것에 게으르지 않다고는 말할 수 있다." 공서화公西華가 말했다. "이것이 바로 제자들이 배우기 힘든 것입니다."_「술이」, 33

안연안회이 깊이 탄식하며 말했다. "선생님의 도道는 우러러 볼수록 더욱 높아지고, 파고 들어갈수록 더욱 견고하다. 얼핏 앞에 계신 듯 보이더니, 어느새 뒤에 와 계신다. 선생님께서는 차근차근 사람들을 이끌어 주시니, 문헌으로 나의 지식을 넓혀 주시고, 예로써 나의 행동을 바로잡아 주셨다. 그만두고 싶어도 그만둘 수 없으니, 내 재주를 다해도 선생님께서 우뚝 서 계시는 듯하다. 비록 그것을 따라가고자 해도 따라갈 수가 없구나."_「자한」, 10

공자께서 말씀하셨다. "알려고 애쓰지 않으면 일깨워 주지 않고, 표현하려고 애쓰지 않으면 틔워 주지 않는다. 한 모서리를 들어서 보여 주었는데 나머지 세 모서리를 헤아리지 못하면, 반복해서 가르쳐 주지 않는다."_「술이」, 08

공자께서 말씀하셨다. "육포 한 묶음 이상을 가지고 와서 스승 뵙는 예를 갖추면, 내 일찍이 가르쳐 주지

않은 적이 없었다." _「술이」, 07

공자께서 말씀하셨다. "가르치는 데는 빈부귀천의 차별을 두지 않는다." _「위령공」(衛靈公), 39

공자께서 말씀하셨다. "내가 아는 것이 있겠는가! 나는 아는 것이 없다. 그러나 미천한 사람이 나에게 질문하면, 아무리 무식한 질문이라도 그것의 처음과 끝을 다 가르쳐 준다." _「자한」, 07

공자께서 말씀하셨다. "너희들은 내가 숨기는 게 있다고 생각하느냐? 나는 너희들에게 숨기는 것이 없다. 나는 행하는 것마다 너희들과 함께 하지 않은 것이 없으니, 이런 사람이 바로 나다." _「술이」, 23

공자께서는 네 가지로 사람들을 가르치셨다. 학문[文]과 덕행[行]과 충심[忠]과 신의[信]였다. _「술이」, 24

공자께서는 네 가지를 완전히 끊으셨다. 선입견이 없으셨고, 반드시 해야 한다는 것이 없으셨으며, 쓸데없는 고집이 없으셨고, 아집이 없으셨다. _「자한」, 04

주무실 때는 시체처럼 사지를 뻗지 않으셨고, 평상시에 집에 계실 때는 얼굴을 근엄하게 하지 않으셨다.
_「향당」, 16

앉을 자리가 바르게 정돈되지 않으면 앉지 않으셨다. 마을 사람들과 술을 드시다가, 지팡이 짚은 노인이 나가면 따라 나가셨다. _「향당」, 10

1-4.
말을 잘 못하는 사람 같으셨다

공자께서 마을에 계실 때는 공손하시고 말을 잘 못하는 사람 같으셨다. 종묘와 조정에 계실 때는 말씀을 잘 하시되 반드시 신중하게 하셨다. _「향당」, 01

밥은 곱게 찧은 쌀이라야 싫어하지 않으셨고, 회는 가늘어야 싫어하지 않으셨다. 쉰 밥과 물러터진 생선, 부패한 고기는 드시지 않았다. 빛깔이 나쁜 것도 드시지 않았고, 냄새가 나쁜 것도 드시지 않았다. 요리를 제대로 하지 못한 것도 드시지 않았고, 제철이 아닌 것도 드시지 않았다. 바르게 자르지 않은 것은 드시지 않았고, 적당한 양념장이 없으면 드시지 않았다. 고기가 많아도 밥 생각을 잊을 만큼 드시진 않았다. 시장에서 사온 술과 육포는 드시지 않았고, 생강을 늘 드

셨지만 많이 드시진 않았다. 진지를 드실 때는 말을 하지 않으셨고, 잠자리에서도 말을 하지 않으셨다. 비록 거친 밥과 나물국이라고 해도 반드시 고수레를 하시고 공경하게 하셨다. _「향당」, 08

평상시에 입는 옷은 길게 하시고, 오른쪽 소매는 짧게 하셨다. 반드시 잠옷이 있으셨으니, 길이가 키의 한 배 반이었다. _「향당」, 06

1-5.
지와 행에 대한 열정, 안회와 자로

공자께서 말씀하셨다. "안회는 나를 도와주는 사람이 아니다. 내가 하는 말에 대해 기뻐하지 않는 것이 없구나." _「선진」(先進), 04

공자께서 말씀하셨다. "내가 안회와 함께 하루 종일 대화한 적이 있었는데, 내 말에 아무런 이의도 제기하지 않아 어리석다고 생각했다. 그런데 물러가서 생활하는 것을 보니 내 말을 잘 실천하고 있었다. 안회는 어리석지 않다." _「위정」, 09

공자께서 말씀하셨다. "어질구나, 안회여! 한 그릇의 밥과 한 바가지의 물을 가지고 누추한 동네에 살고 있구나. 다른 사람들은 그 근심을 견디지 못하는데,

안회는 그 즐거움을 바꾸지 않는구나. 어질구나, 안회여!"_「옹야」(雍也), 10

안연안회이 죽었다. 공자께서 비탄에 빠져 말씀하셨다. "아, 하늘이 나를 버리시는구나! 하늘이 나를 버리시는구나!"_「선진」, 09

애공哀公: 노나라의 제후이 물었다. "제자들 가운데 누가 배우기를 좋아합니까?" 공자께서 대답하셨다. "안회라는 사람이 배우기를 좋아해서, 노여움을 남에게 옮기지 않고 같은 잘못을 두 번 저지르지 않았습니다. 그러나 불행히도 단명하여 죽었습니다. 지금은 그런 사람이 없으니, 아직 배우기를 좋아한다는 사람이 있다는 말은 듣지 못했습니다."_「옹야」, 02

공자께서 말씀하셨다. "도가 행해지지 않으니, 뗏목을 타고 바다로 떠나려고 한다. 나를 따를 자, 아마도 자로겠지." 자로가 이 말을 듣고 기뻐했다. 공자께서 말씀하셨다. "자로가 용맹을 좋아하는 것이 나보다 낫지만, 사리에 맞게 일을 처리하는 것은 부족하지."_「공야장」, 07

공자께서 말씀하셨다. "허름한 솜옷을 입고는 좋은 털로 만든 가죽옷을 입은 자와 나란히 서 있으면서도 부끄러워하지 않을 사람은 아마도 자로일 것이다. 『시경』詩經에서 말하기를 '남을 해치지도 않고, 남의 것을 탐내지도 않는다면 어찌 훌륭하지 않겠는가?'라고 했다." 자로가 이 말을 평생 외우고자 했다. 공자께서 말씀하셨다. "이 도리가 뭐 그리 대단하겠느냐?" _「자한」, 26

자로는 가르침을 받고 그것을 잘 실천하기도 전에, 또 가르침을 듣게 될까 두려워했다. _「공야장」, 14

자로가 자고子羔를 추천해서 비費라는 지역의 수령이 되게 했다. 공자께서 말씀하셨다. "남의 집 자식을 망치는구나!" 자로가 말했다. "다스릴 백성이 있고 받들 사직社稷이 있습니다. 어찌 반드시 책을 읽는 것만을 학문이라 하겠습니까?" 공자께서 말씀하셨다. "내 이래서 말 잘하는 인간을 싫어하지." _「선진」, 25

1-6.
자공, 절차탁마의 길을 묻다

자공子貢이 물었다. "선생님, 저는 어떻습니까?" 공자
께서 말씀하셨다. "너는 그릇이다." "어떤 그릇입니
까?" "제사 때 쓰는 귀중한 옥그릇인 호련瑚璉이다." _
「공야장」. 04

공자께서 자공에게 말씀하셨다. "너와 안회 가운데
누가 더 나으냐?" 자공이 대답했다. "제가 어떻게 감
히 안회와 견줄 수 있겠습니까? 안회는 하나를 들으
면 열을 알지만, 저는 하나를 들으면 둘을 압니다."
공자께서 말씀하셨다. "그래, 너는 안회만 못하지. 나
는 네가 안회만 못하다는 것을 인정한다." _「공야장」. 09

자공이 말했다. "남이 저에게 하지 않았으면 하는 일

을 저도 남에게 하지 않으려고 합니다." 공자께서 말씀하셨다. "자공아! 그것은 아직 네가 할 수 있는 일이 아니다." _「공야장」, 12

자공이 사람들을 비교하고 평가했다. 공자께서 말씀하셨다. "자공아, 너는 현명한가 보구나! 나는 그렇게 한가하지 않구나." _「헌문」, 30

자공이 말했다. "군자도 미워하는 것이 있습니까?" 공자께서 말씀하셨다. "미워하는 것이 있다. 남의 나쁜 점을 떠들어대는 것을 미워하고, 아랫사람이면서 윗사람을 헐뜯는 것을 미워하며, 용기만 있고 예의가 없는 것을 미워하고, 과감하기만 하고 꽉 막힌 것을 미워한다. 자공아! 너도 미워하는 것이 있느냐?" 자공이 말했다. "남의 지혜를 훔쳐서 유식한 체하는 것을 미워하고, 불손한 것을 용기 있다고 여기는 것을 미워하며, 남의 비밀을 들춰내는 것을 정직하다고 여기는 것을 미워합니다." _「양화」(陽貨), 24

자공이 말했다. "가난하면서도 아부하지 않고, 부유하면서도 잘난 체하지 않으면 어떻습니까?" 공자께서 대답하셨다. "그것도 괜찮다. 하지만 가난하면서도 도를 즐기고, 부유하면서도 예를 좋아하는 것만은 못하다." 자공이 말했다. "『시경』에서 말하기를 '뼈를 자른 듯[切], 상아를 간 듯[磋], 옥을 쫀 듯[琢], 돌을 간 듯[磨]하다'고 했습니다. 절차탁마切磋琢磨라는 말이 그런 맥락이군요." 공자께서 말씀하셨다. "자공아! 비로소 너와 함께 시를 이야기할 수 있겠구나. 지나간 일을 말해 주자, 알려 주지 않은 것까지 아는구나." _「학이」(學而), 15

1-7.
그 외의 제자들, 좌충우돌 공부기

노나라 사람들이 장부長府라는 창고를 새로 지으려고 했다. 민자건閔子騫이 말했다. "예전 것을 그대로 쓰는 것이 어떤가? 꼭 새로 지어야만 하는가?" 이 말을 들은 공자께서 말씀하셨다. "그 사람은 말을 잘 안 하지만, 말을 하면 반드시 이치에 맞는다." _「선진」, 14

염구冉求: 염유가 말했다. "선생님의 도를 좋아하지 않는 것은 아니지만, 따라가기에는 힘이 부족합니다." 공자께서 말씀하셨다. "힘이 부족한 사람은 중도에 그만두게 된다. 지금 너는 해보지도 않고 미리 선부터 긋는구나!" _「옹야」, 11

계씨季氏: 당시 노나라의 실권자는 주공周公: 주나라를 세운 무왕의 동생이자 노나라의 시조보다 부유했다. 그의 신하가 된 염구가 세금을 거두어 들여서 계씨를 더 부유하게 만들었다. 공자께서 말씀하셨다. "염구는 나의 제자가 아니다. 얘들아! 북을 울리고 그를 공격해도 좋다." _「선진」, 17

증자曾子: 증삼가 말했다. "나는 날마다 세 가지로 나 자신을 되돌아본다. 사람들과 일할 때 진심[忠]을 다했는가? 친구와 사귈 때 믿음[信]을 주었는가? 배운 것을 충분히 익혔는가?" _「학이」, 04

공자께서 말씀하셨다. "증삼曾參아! 나의 도는 하나의 원리로 관통하고 있다." 증자가 주저 없이 "예!" 하고 대답했다. 공자께서 나가시자 다른 제자들이 증자에게 물었다. "무슨 뜻입니까?" 증자가 대답했다. "선생님의 도는 오직 충忠: 자기 마음을 다하는 것과 서恕: 자기 마음을 미루어서 남의 마음을 헤아리는 것일 뿐입니다." _「이인」(里仁), 15

재여宰予가 낮잠을 잤다. 이를 본 공자께서 말씀하셨다. "썩은 나무에는 조각을 할 수 없고, 더러운 흙으로 만든 담장은 흙손질을 할 수 없다. 내가 재여를 꾸짖을 것이 뭐 있겠는가?" 공자께서 또 말씀하셨다.

"내가 예전에 사람을 대할 때는 그의 말을 듣고 그의 행실을 믿었다. 지금은 사람을 대할 때 그의 말을 듣고도 그의 행실을 살피게 되었다. 재여 때문에 이렇게 바꾼 것이다." _「공야장」, 10

공자께서 자유子遊가 다스리는 무성武城엘 가셨다. 거기서 거문고에 맞추어 노래 부르는 소리를 들으셨다. 공자께서 빙그레 웃으시며 말씀하셨다. "닭 잡는 데 어찌 소 잡는 칼을 쓰느냐?" 자유가 말했다. "예전에 선생님께 들었습니다. '군자가 도를 배우면 백성을 사랑하고, 소인이 도를 배우면 부리기가 쉽다.'" 공자께서 말씀하셨다. "얘들아, 자유의 말이 옳다. 내가 한 말은 농담이었다." _「양화」, 04

자공이 물었다. "자장子張과 자하子夏 중에 누가 더 현명합니까?" 공자께서 말씀하셨다. "자장은 너무 지나치고, 자하는 좀 부족하지." 자공이 말했다. "그럼 자장이 나은 것입니까?" 공자께서 말씀하셨다. "지나친 것은 모자란 것과 같다." _「선진」, 16

1-8.
유쾌한 토론〔論語〕의 현장, 교실풍경

공자께서 안연에게 말씀하셨다. "등용되면 도를 행하고, 물러나면 은둔하는 것은 나와 너만이 할 수 있다." 옆에서 이 말을 들은 자로가 말했다. "선생님께서 삼군三軍: 군대 전체을 지휘하신다면 누구와 함께 하시겠습니까?" 공자께서 말씀하셨다. "맨손으로 호랑이를 잡으려 하고, 맨몸으로 황하를 건너려고 하다가 죽어도 후회하지 않는 사람하고는 함께 일하지 않을 것이다. 반드시 일을 맡으면 신중하고, 계획을 잘 세워서 일을 성사시키는 사람과 함께 할 것이다."_「술이」, 10

자로가 물었다. "옳은 말을 들으면 바로 실천해야 합니까?" 공자께서 말씀하셨다. "부모와 형제가 계시는데, 어찌 들었다고 바로 실천할 수 있겠느냐?" 염유가 물었다. "옳은 말을 들으면 바로 실천해야 합니까?" 공자께서 말씀하셨다. "들으면 바로 실천해야 한다." 공서화가 말했다. "자로가 '옳은 말을 들으면 바로 실천해야 합니까?'라고 여쭙자, 선생님께서 '부모와 형제가 계시다'라고 말씀하시고, 염유가 '옳은 말을 들으면 바로 실천해야 합니까?'라고 여쭙자, 선생님께서는 '들으면 바로 실천해야 한다'라고 말씀하셨습니다. 제가 의문이 들어 여쭈어 봅니다." 공자께서 말씀하셨다. "염유는 뒤로 물러나려는 성품이기 때문에 앞으로 나아가게 한 것이고, 자로는 남을 앞지르려는 성품이기 때문에 뒤로 물러나게 한 것이다."_「선진」, 22

자로와 증석, 염유와 공서화가 공자를 모시고 앉아 있었다. 공자께서 말씀하셨다. "내가 너희들보다 나이가 조금 많기는 하지만, 그런 것을 의식하지 말고 이야기해 보거라. 너희들은 평소에 '나를 알아주지 않는다!'라고 말하던데, 만일 너희를 알아주는 사람이 있다면 어떻게 하겠느냐?" 자로가 불쑥 나서면서 말했다. "큰 나라들 사이에 끼어 있는 천승千乘의 나라 제후의 나라가 있는데 전쟁이 나고 거기다 기근까지 덮쳤습니다. 만일 제가 이 나라를 다스리게 된다면 삼

년 만에 백성들을 용감하게 하고 또한 사람의 도리를 알게 할 수 있습니다." 자로의 말을 들으신 공자께서 피식 웃으셨다. 그러고는 염유에게 물으셨다. "염유야, 너는 어찌하겠느냐?" 염유가 말했다. "사방이 육십에서 칠십 리 혹은 오십에서 육십 리쯤 되는 나라를 다스리게 된다면, 삼년 만에 백성들을 풍족하게 할 수 있습니다. 하지만 예법이나 음악 같은 것은 군자를 기다릴까 합니다."

공자께서 말씀하셨다. "공서화, 너는 어찌하겠느냐?" 공서화가 말했다. "제가 능력이 있다고 말할 수는 없으므로 좀더 배우고 싶습니다. 종묘의 일이나 제후의 회동이 있으면 예복과 예관을 차리고 조금 돕는 역할을 하고 싶습니다." 공자께서 말씀하셨다. "증석아, 너는 어찌하겠느냐?" 증석이 거문고 타는 소리를 점차 잦아들게 하더니, '쿵' 소리를 내며 거문고를 치우고 일어나 말했다. "세 사람이 말한 것과는 다릅니다." 공자께서 말씀하셨다. "무슨 상관이냐. 각자가 가진 뜻을 말하는 것뿐이다." 증석이 말했다. "늦은 봄에 봄옷이 완성되면 어른 대여섯 명과 어린아이 예닐곱 명과 함께 기수沂水에서 목욕하고, 무우舞雩: 기우제를 지내는 곳에서 바람을 쐬고서 노래를 읊으며 돌아올까 합니다." 공자께서 깊이 감탄하며 말씀하셨다. "나는 증석과 함께하겠다."

세 사람이 나가고, 증석이 뒤에 남았다. 증석이 말했다. "세 사람의 말이 어떻습니까?" 공자께서 말씀하셨다. "각자가 자신의 뜻을 말했을 뿐이다." 증석이 말했다. "그렇다면 선생님께서는 어찌하여 자로의 말에 그렇게 웃으셨습니까?" 공자께서 말씀하셨다. "예로써 나라를 다스려야 하는데, 자로의 말에 겸손함이 없어서 웃은 것이다." 증석이 말했다. "그렇다면 염유가 말한 것은 나라를 다스리는 것이 아니지 않습니까?" 공자께서 말씀하셨다. "어찌 사방 육십에서 칠십 리 혹은 오십에서 육십 리라고 해서 나라가 아니라고 생각하는 것이냐?" 증석이 말했다. "그렇다면 공서화의 경우는 나라를 다스리는 것이 아니지 않습니까?" 공자께서 말씀하셨다. "종묘의 일과 제후 간의 회동이 나라의 일이 아니고 무엇이겠느냐? 공서화의 일이 작은 일이라고 한다면 누구의 일이 큰 일이라고 할 수 있겠느냐?" _「선진」, 26

『논어』

2부
공부, 옛것에서 새것을 발견하다
— 인과 예

2-1.
공부만 한 것이 없다

공자께서 말씀하셨다. "배우고 때에 맞게 익히면 기쁘지 않겠는가. 벗이 멀리서 찾아오면 즐겁지 않겠는가. 남이 알아주지 않더라도 성내지 않는다면 군자가 아니겠는가."_「학이」, 01

공자께서 말씀하셨다. "내가 하루 종일 먹지도 않고, 밤새도록 자지도 않고 생각만 해본 적이 있었는데, 얻은 것이 하나도 없었다. 배우는 것만 못했다."_「위령공」, 31

공자께서 말씀하셨다. "아는 것은 좋아하는 것만 못하고, 좋아하는 것은 즐기는 것만 못하다."_「옹야」, 19

자하가 말했다. "날마다 모르던 것을 알아가고, 달마다 안 것을 잊어버리지 않으면, 배우기를 좋아한다고 말할 수 있다." _「자장」(子張), 05

공자께서 말씀하셨다. "군자는 먹는 데 배부름을 구하지 않고, 거처하는 데 편안함을 구하지 않는다. 맡은 일은 민첩하게 처리하고, 말은 신중하게 한다. 부족한 것이 있으면 도를 아는 사람을 찾아가 배우고 자신을 바로잡는다. 이 정도면 '배우기를 좋아한다'[好學]고 할 만하다." _「학이」, 14

자하가 말했다. "현명한 사람을 현명한 사람으로 대접하기를 마치 여색女色을 좋아하듯이 하고, 부모를 섬길 때는 있는 힘을 다하며, 임금을 섬길 때는 몸을 바치고, 벗을 사귈 때는 진실한 말을 한다면, 비록 배우지 않았다고 말하더라도 나는 반드시 그를 '배운 사람'이라고 할 것이다." _「학이」, 07

공자께서 말씀하셨다. "자로야! 너는 여섯 가지 덕과 여섯 가지 폐단에 대해 들어봤느냐?" 자로가 대답했다. "아직 들어보지 못했습니다." 공자께서 말씀하셨다. "거기 앉거라. 내가 말해 주마. 인仁을 좋아하면서 배우기를 좋아하지 않으면, 그 폐단은 어리석어지는 것[愚]이다. 지혜[知]를 좋아하면서 배우기를 좋아하지 않으면, 그 폐단은 제멋대로 구는 것[蕩]이다. 신의[信]를 좋아하면서 배우기를 좋아하지 않으면, 그 폐단은 남을 해치고 자기도 해치게 되는 것[賊]이다. 정직[直]을 좋아하면서 배우기를 좋아하지 않으면, 그 폐단은 목을 조르듯이 각박해지는 것[絞]이다. 용기[勇]를 좋아하면서 배우기를 좋아하지 않으면, 그 폐단은 소란을 피우게 되는 것[亂]이다. 굳센 것[剛]을 좋아하면서 배우기를 좋아하지 않으면, 그 폐단은 통제 불능이 되는 것[狂]이다." _「양화」, 08

2-2.
어떻게 공부해야 하는가

공자께서 말씀하셨다. "젊은이들은 집에 들어오면 부모에게 효도하고, 밖에 나가면 어른을 공경해야 한다. 행동은 신중해야 하고, 말은 진실해야 한다. 사람들을 두루 사랑하고 어진 사람을 가까이 해야 한다. 이렇게 하고도 힘이 남으면 그때 글[文]을 배운다."
_「학이」, 06

공자께서 말씀하셨다. "자로야! 너에게 안다는 것이 무엇인지 알려줄까? 아는 것을 안다고 하고, 모르는 것을 모른다고 하는 것. 이것이 아는 것이다." _「위정」, 17

공자께서 말씀하셨다. "배우기만 하고 생각하지 않

으면 얻는 것이 없고, 생각만 하고 배우지 않으면 위태롭다."_「위정」, 15

공자께서 말씀하셨다. "자공아, 너는 내가 많이 배워서 그것을 기억하는 사람이라고 생각하느냐?" 자공이 대답했다. "그렇습니다. 아닙니까?" 공자께서 말씀하셨다. "아니다. 나는 하나의 이치로 모든 것을 관통하는 사람이다."_「위령공」, 03

공자께서 말씀하셨다. "옛것을 익혀서 전해 주지만 새롭게 창작하지는 않는다. 옛것을 믿고 좋아하는 것을 가만히 우리 노팽老彭*에게 견주어 본다."_「술이」, 01

공자께서 말씀하셨다. "옛것을 익혀서 새것을 알게 된다면 스승이 될 수 있다."_「위정」, 11

자하가 말했다. "널리 배우고 뜻을 독실하게 한다. 간절하게 묻고 가까운 것에서부터 생각해 나간다. 그러면 인仁이 그 가운데 있다."_「자장」, 06

---

* 노팽이 누구인가에 대한 설은 분분하다. 노자와 팽조라는 설부터 노팽이라는 인물이 있었다는 설까지. 핵심은 그들처럼 공자 자신도 옛것을 믿고 배우기를 좋아했다는 데 있다.

자공이 물었다. "공문자孔文子: 위나라의 대부 같은 사람에게 어째서 '문'文이라는 시호를 붙였습니까?" 공자께서 대답하셨다. "명민한데도 배우기를 좋아하였으며, 아랫사람에게 묻기를 부끄러워하지 않았다. 이 때문에 '문'이라고 한 것이다."_「공야장」, 15

공자께서 말씀하셨다. "옛날에 공부하던 사람들은 자신을 수양하기 위해서 배웠는데, 요즘에 공부하는 사람들은 남에게 인정받기 위해서 배우는구나."_「헌문」, 25

2-3.
모든 것은 공부가 된다

자유가 말했다. "자하의 어린 제자들은 물 뿌리고 비질하고, 손님을 맞이하고 접대하며, 어른 앞에서 나아가고 물러나는 예절은 잘한다. 하지만 이것은 지엽적인 일일 뿐이다. 근본적인 일은 아무것도 하지 않으니 어찌하려는 것인가?" 자하가 이것을 듣고는 말했다. "참나! 자유의 말이 지나치다! 군자의 도를 배우는 데, 무엇을 먼저 가르치고 무엇을 뒤에 가르치겠는가? 풀과 나무에 비유하자면, 그 종류에 따라서 다르게 가르치는 것과 같다. 군자의 도에서 어느 것을 함부로 하겠는가? 지엽과 근본, 처음과 끝을 모두 갖춘 사람은 오직 성인뿐이다." _「자장」, 12

위나라 대부 공손조公孫朝가 자공에게 물었다. "중니仲尼

^자는 어디서 배웠는가?" 자공이 대답했다. "문왕文王과
무왕武王의 도가 아직 땅에 떨어지지 않고 사람들에
게 남아 있습니다. 현명한 사람은 그중에서 근본적인
것을 기억하고, 현명하지 못한 사람은 그중에서 지
엽적인 것을 기억하고 있습니다. 문왕과 무왕의 도가
없는 곳이 없습니다. 그러니 선생님께서 어디선들 배
우지 않으셨겠습니까? 또 어찌 일정한 스승이 있으
셨겠습니까?" _「자장」, 22

공자께서 말씀하셨다. "세 사람이 길을 가면, 거기에
반드시 나의 스승이 있다. 그들에게서 좋은 점은 골
라서 본받고, 좋지 않은 점으로는 나 자신을 바로잡
는다." _「술이」, 21

공자께서 말씀하셨다. "'어떻게 할까, 어떻게 할까'라
고 하지 않는 사람은 나도 어떻게 해줄 수가 없다." _
「위령공」, 16

공자께서 말씀하셨다. "태어나면서부터 아는 사람
은 최상이다. 배워서 아는 사람은 그 다음이고, 곤란
한 상황에 처해서야 배우는 사람은 또 그 다음이다.
곤란한 상황에 처했는데도 배우지 않으면, 그 사람은

최하이다."_「계씨」(季氏), 09

공자께서 말씀하셨다. "사람이 도를 넓히는 것이지,
도가 사람을 넓혀 주는 것은 아니다."_「위령공」, 29

공자께서 말씀하셨다. "학문하는 것은 비유하자면
산을 쌓는 것과 같다. 한 삼태기의 흙이 모자라 완성
하지 못하고 그만두는 것도 내가 그만두는 것이다.
또 비유하자면 땅을 평평하게 만드는 것과 같다. 한
삼태기의 흙을 부어서 나아가는 것도 내가 나아가는
것이다. _「자한」, 18

2-4.
인(仁), 자기배려의 기술

안연顔回이 인仁에 대해 물었다. 공자께서 말씀하셨다. "자신의 사욕을 이기고 예로 돌아가는 것이 인이다. 하루라도 자신의 사욕을 이기고 예로 돌아간다면 천하 사람들이 모두 인仁하게 될 것이다. 인을 실천하는 것은 자기에게 달린 것이지, 다른 사람에게 달린 것이겠느냐?" 안연이 물었다. "그 구체적인 방법을 알고 싶습니다." 공자께서 말씀하셨다. "예가 아니면 보지 말고, 예가 아니면 듣지 말며, 예가 아니면 말하지 말고, 예가 아니면 움직이지 말거라." 안연이 말했다. "제가 비록 어리석고 둔하지만, 이 말씀을 받들어 실천하겠습니다." _「안연」(顏淵), 01

중궁仲弓이 인에 대해 물었다. 공자께서 말씀하셨다.

"문을 나가서는 귀한 손님을 맞는 듯이 하고, 백성을 부릴 때는 큰 제사를 받들 듯이 하며, 자기가 원하지 않는 일을 남에게 베풀지 말거라. 이렇게 하면 나라 안에서도 원망하는 사람이 없을 것이고, 집안에서도 원망하는 사람이 없을 것이다." 중궁이 말했다. "제가 비록 어리석고 둔하지만, 이 말씀을 받들어 실천하겠습니다."_「안연」, 02

자공이 물었다. "평생 실천할 만한 말 한마디가 있겠습니까?" 공자께서 말씀하셨다. "아마도 서恕가 아닐까? 자기가 원하지 않는 일을 남에게 베풀지 말거라."_「위령공」, 24

자공이 말했다. "백성에게 널리 은혜를 베풀고, 많은 사람들을 구제할 수 있다면 어떻습니까? 인仁하다고 할 수 있습니까?" 공자께서 말씀하셨다. "어찌 인仁에만 해당되는 일이겠느냐. 반드시 성인聖人일 것이다. 요임금과 순임금께서도 그렇게 하지 못하는 것을 근심으로 여기셨다. 인한 사람은 자신이 서고자 할 때 남도 서게 해주고, 자신이 뜻을 이루고자 할 때 남도 뜻을 이루게 해준다. 가까운 자신에게서 미루어 남을 이해할 수 있다면, 인을 실천하는 방법이라고 말할

만하다." _「옹야」, 29

자장이 공자께 인에 대해 물었다. 공자께서 말씀하셨
다. "천하에서 다섯 가지를 실천할 수 있다면 인한 사
람이다." 자장이 말했다. "그 내용을 듣고 싶습니다."
공자께서 말씀하셨다. "공손함[恭]과 너그러움[寬]과
신의[信]와 민첩함[敏]과 은혜로움[惠]이다. 공손하면
남에게 업신여김을 받지 않고, 너그러우면 많은 사람
들의 마음을 얻게 되고, 신의가 있으면 사람들이 신
임하고, 민첩하면 공을 세울 수 있게 되고, 은혜로우
면 사람을 부릴 수 있게 된다." _「양화」, 06

번지樊遲가 인仁에 대해 물었다. 공자께서 말씀하셨
다. "사람을 사랑하는 것이다." 번지가 다시 지혜[知]
에 대해 물었다. 공자께서 말씀하셨다. "사람을 알아
보는 것이다." 번지가 이해하지 못하자, 공자께서 말
씀하셨다. "정직한 사람을 등용하여 바르지 못한 사
람 위에 둔다면, 바르지 못한 사람들이 정직하게 될
것이다." 그러나 번지는 여전히 이해하지 못하고 물
러갔다. 번지가 자하를 만나 물었다. "조금 전에 내가
선생님을 뵙고 지혜에 대하여 여쭈니까, 선생님께서
'정직한 사람을 등용하여 바르지 못한 사람 위에 둔

다면, 바르지 못한 사람들이 정직하게 될 것이다'라고 하셨는데, 무슨 뜻입니까?" 자하가 말했다. "훌륭한 말씀입니다! 순임금이 천하를 다스릴 때 여러 사람들 중에서 고요皐陶: 순임금이 등용한 법관를 등용하시니, 불인不仁한 자들이 멀리 가 버렸습니다. 탕임금도 여러 사람들 중에서 이윤伊尹: 탕임금이 등용한 재상을 등용하시니, 불인한 자들이 멀리 가 버렸습니다." _ 「안연」, 22

번지가 인仁에 대해 물었다. 공자께서 말씀하셨다. "평소에 지낼 때는 공손하고, 일할 때는 경건히 하며, 남과 어울릴 때는 진심으로 대해야 한다. 비록 오랑캐 땅에 가더라도 이것을 버려서는 안 된다." _ 「자로」(子路), 19

공자께서 말씀하셨다. "강직함과 의연함과 질박함과 신중함은 인仁에 가깝다." _ 「자로」, 27

2-5.
인(仁)은 멀리 있는 것인가

공자께서 말씀하셨다. "인(仁)을 실천해야 할 상황에서는 스승에게도 양보하지 않는다." _「위령공」, 36

공자께서 말씀하셨다. "사람에게 인(仁)은 물과 불보다 중요하다. 나는 물에 빠져죽거나 불에 타 죽는 사람은 봤지만, 인을 실천하다 죽은 사람은 보지 못했다." _「위령공」, 35

공자께서 말씀하셨다. "안회는 그 마음이 석 달 동안이나 인(仁)에서 떠나지 않았다. 다른 사람들은 하루 혹은 한 달에 한 번 인에 이를 뿐이다." _「옹야」, 06

공자께서 말씀하셨다. "어질지 못한 사람은 곤궁함

도 오래 견딜 수 없고, 즐거움도 오래 누릴 수 없다. 어진 사람은 인을 편안히 여기고, 지혜로운 사람은 인을 이롭게 여긴다."_「이인」, 02

공자께서 말씀하셨다. "나는 인仁을 좋아하는 사람과 불인不仁을 미워하는 사람을 아직 보지 못했다. 인을 좋아하는 사람은 더 이상 바랄 것이 없다. 불인을 미워하는 사람은 인을 행할 때 불인한 것이 자기 몸에 미치지 못하게 한다. 하루라도 인에 이르기 위해 힘써본 사람이 있는가? 나는 그 힘이 부족한 사람을 아직 보지 못했다. 아마도 그런 사람이 있겠지만 나는 아직 보지 못했다."_「이인」, 06

공자께서 말씀하셨다. "듣기 좋은 말만 하고 얼굴빛을 잘 꾸미는 사람 가운데 어진 사람은 드물다."_「학이」, 03

공자께서 말씀하셨다. "오직 어진 사람만이 남을 좋아할 수도 있고, 남을 미워할 수도 있다."_「이인」, 03

공자께서 말씀하셨다. "뜻이 있는 선비와 인仁을 실천하는 사람은 자신이 살고자 인仁을 해치지 않는다.

자신의 목숨을 바쳐서 인을 이룬다." _「위령공」, 09

사마우司馬牛가 인仁에 대해 물었다. 공자께서 말씀하
셨다. "인한 사람은 말하는 것을 조심한다." 사마우가
말했다. "말하는 것을 조심하면 인하다고 할 수 있습
니까?" 공자께서 말씀하셨다. "그것을 실천하는 것이
어려우니, 말하는 데 조심함이 없을 수 있겠느냐?" _
「안연」, 03

공자께서 말씀하셨다. "인仁이 멀리 있는 것이겠는
가? 내가 인을 실천하려는 마음이 있다면, 곧 인에 이
를 것이다." _「술이」, 29

증자가 말했다. "선비는 뜻이 크고 굳세지 않으면 안
된다. 책임은 무겁고 갈 길은 멀기 때문이다. 인仁의
실천을 자기의 임무로 삼으니 책임이 무겁지 않겠는
가? 죽은 뒤에나 그만둘 것이니 갈 길이 멀지 않겠는
가?" _「태백」(泰伯), 07

공자께서 말씀하셨다. "사람이 되어서 인仁하지 않으
면, 예禮가 무슨 소용인가? 사람이 되어서 인하지 않
다면, 음악[樂]이 무슨 소용인가?" _「팔일」, 03

2-6.
예(禮), 절차보다는 마음으로

공자께서 말씀하셨다. "군자가 널리 배우고, 배운 것을 예로써 요약한다면, 도리에 어긋나지 않을 것이다." _「안연」, 15

임방林放: 노나라 사람이 예의 근본을 묻자, 공자께서 말씀하셨다. "훌륭한 질문이구나! 예는 사치하기보다는 차라리 검소한 것이 낫고, 상례喪禮는 절차를 매끄럽게 하기보다는 차라리 슬퍼하는 것이 낫다." _「팔일」, 04

자하가 물었다. "옛 시에 '고운 미소에 예쁜 보조개여, 아름다운 눈에 선명한 눈동자여, 흰 바탕에 화려한 무늬여!'라고 했는데, 무슨 말입니까?" 공자께서 말씀하셨다. "그림 그리는 것은 흰 바탕이 있은 뒤에야 가능하다는 말이다." 자하가 말했다. "그럼 예는 바탕보다 나중이라는 뜻이군요." 공자께서 말씀하셨다. "나를 벌떡 일으키는 사람이 너로구나! 비로소 너와 더불어 시를 말할 만하구나!" _「팔일」, 08

공자께서 말씀하셨다. "윗자리에 있으면서 너그럽지 않고, 예를 행할 때 공경스럽지 않으며, 상을 당했을 때 슬퍼하지 않는다면, 내가 무엇을 가지고 그를 살피겠는가!" _「팔일」, 26

공자께서 말씀하셨다. "공손하면서도 예가 없으면 수고롭기만 하고, 신중하면서도 예가 없으면 두려움만 갖게 되며, 용감하면서도 예가 없으면 난리를 일으키게 되고, 정직하면서도 예가 없으면 각박해질 것이다. 정치하는 사람이 친족들에게 잘하면 백성들이 인仁한 마음을 일으키고, 옛 친구를 버리지 않으면 백성들이 야박해지지 않을 것이다." _「태백」, 02

유자有子가 말했다. "예의 운용에는 조화가 중요하다. 선왕들의 도는 그것을 훌륭하게 여기고, 작은 일이거나 큰 일이거나 모두 이러한 이치를 따랐다. 그렇게 하고도 세상과 통하지 않는 경우가 있으니, 조화의 중요성만 알고서 조화만 추구하고 예로써 절제하지 않는 경우다. 이러면 세상과 통할 수가 없다." _「학이」, 12

공자께서 말씀하셨다. "삼베로 만든 관[麻冕]을 쓰는 것이 예법에 맞지만, 요즘은 명주[純]로 만든 관을 쓴다. 이것이 검소한 것이니, 나는 여러 사람들을 따르겠다. 대청 아래에서 절하는 것이 예법이지만, 요즘은 대청 위에서 절을 한다. 이것은 교만한 것이니, 비록 많은 사람들을 거스르더라도 나는 대청 아래에서 절하는 예법을 따르겠다." _「자한」, 03

공자께서 태묘太廟: 주공을 모신 사당에 들어가셔서 제사에 참여하셨을 때 하나하나를 다 물으셨다. 이를 본 어떤 사람이 말했다. "누가 추 땅 사람의 자식이 예를 안다고 했는가? 태묘에 들어와서는 매사를 묻는구나!" 공자께서 이 말을 들으시고 말씀하셨다. "그렇게 하는 것이 예이다." _「팔일」, 15

『논어』

3부
사람의 길, 삶의 기술

3-1.
지혜로움에 대하여

공자께서 말씀하셨다. "지혜로운 사람은 미혹되지 않고, 어진 사람은 근심하지 않으며, 용기 있는 사람은 두려워하지 않는다."_「자한」, 28

공자께서 말씀하셨다. "지혜로운 사람은 물을 좋아하고, 어진 사람은 산을 좋아하며, 지혜로운 사람은 물처럼 움직이고, 어진 사람은 산처럼 고요하다. 지혜로운 사람은 즐겁게 살고, 어진 사람은 장수한다."_「옹야」, 22

번지가 지혜에 대해 물었다. 공자께서 말씀하셨다. "사람이 해야 할 도리에 힘쓰고, 귀신을 공경하되 멀리한다면, 지혜롭다고 말할 수 있다." 번지가 인仁에 대해서도 물었다. 공자께서 말씀하셨다. "인한 사람은 어려운 일을 먼저하고 이득을 앞세우지 않는다. 그러면 인이라고 말할 수 있다." _「옹야」, 21

자장이 덕을 높이고 미혹되는 일을 분별하는 것에 대해 물었다. 공자께서 말씀하셨다. "자기의 마음을 다하는 것[忠]과 남에게 믿음을 주는 것[信]을 근본으로 삼으며 의義에 따라 사는 것이 덕을 높이는 것이다. 사람들은 누군가를 사랑하면 그가 살기를 바라고, 미워하면 죽기를 바란다. 살기를 바라면서 동시에 죽기를 바라는 것이 미혹되는 것이다." _「안연」, 10

번지가 무우舞雩: 기우제를 지내던 곳 아래에서 공자를 모시고 노닐다가 물었다. "감히 덕을 높이고 악한 마음을 다스리며 미혹되는 일을 분별하는 것에 대해 알고 싶습니다." 공자께서 말씀하셨다. "좋은 질문이구나! 일을 먼저 하고 그 대가는 뒤로 여기는 것이 덕을 높이는 것이 아니겠느냐? 자신의 악함을 따지고 남의 악함은 따지지 않는 것이 악한 마음을 다스리는 것이 아니겠느냐? 한때의 분노를 참지 못하여 자신을 잃어버리고, 그 화가 부모에게까지 미치게 하는 것이 바로 미혹이 아니겠느냐?" _「안연」, 21

공자께서 말씀하셨다. "남이 자기를 속일 것이라고 넘겨짚지도 않고, 남이 자기를 믿지 않을 것이라고 억측하지도 않으면서, 도리어 그런 일을 미리 간파한다면, 현명한 사람이다." _「헌문」, 32

공자께서 말씀하셨다. "영무자甯武子는 나라에 도가 있을 때 지혜를 드러냈고, 나라에 도가 없을 때 어리석은 듯이 행동했다. 그의 지혜를 따라갈 수는 있어도 그의 어리석음은 따라갈 수가 없다." _「공야장」, 21

공자께서 말씀하셨다. "독실하게 믿고 배우기를 좋아하며, 사력을 다해 지키고 도를 잘 실천해야 한다. 위태로운 나라에는 들어가지 않고, 어지러운 나라에는 살지 않는다. 천하에 도가 행해질 때는 벼슬하고, 도가 행해지지 않으면 은거한다. 나라에 도가 행해지는데 가난하고 천하게 산다면 부끄러운 일이고, 나라에 도가 행해지지 않는데 부귀를 누린다면 부끄러운 일이다." _「태백」, 13

공자께서 말씀하셨다. "마을의 풍속은 어진 곳이 좋다. 어진 마을을 택해서 살지 않는다면, 어떻게 지혜롭다고 할 수 있는가?" _「이인」, 01

3-2.
지인(知人), 사람을 안다는 것

공자께서 말씀하셨다. "남이 나를 알아주지 않을까
걱정하지 말고, 내가 남을 알아보지 못할까 걱정해야
한다." _「학이」, 16

공자께서 말씀하셨다. "많은 사람들이 어떤 이를 미
워해도 반드시 잘 살펴보아야 하고, 많은 사람들이
그를 좋아해도 반드시 잘 살펴보아야 한다." _「위령공」,
28

공자께서 말씀하셨다. "사람의 허물은 각자 다르다.
그 허물을 살펴보면, 그가 인(仁)한 사람인지 아닌지 알
수 있다." _「이인」, 07

공자께서 말씀하셨다. "그가 하는 행동을 보고, 그가 마음으로 따르는 것을 관찰하고, 그가 편안하게 여기는 것을 살피면, 그 사람이 어찌 자신을 숨길 수 있겠는가! 그 사람이 어찌 자신을 숨길 수 있겠는가!" _「위정」, 10

공자께서 말씀하셨다. "더불어 말할 만한데도 더불어 말하지 않으면 사람을 잃고, 더불어 말할 만하지 않은데도 더불어 말하면 실언을 한다. 지혜로운 사람은 사람을 잃지도 않고 실언하지도 않는다." _「위령공」, 08

공자께서 말씀하셨다. "천명을 알지 못하면 군자가 될 수 없고, 예를 알지 못하면 세상에 당당히 설 수 없으며, 말을 분별하지 못하면 사람을 알아볼 수 없다." _「요왈」(堯曰), 03

3-3.
인(仁)을 향한 우정의 윤리학

공자께서 말씀하셨다. "덕이 있는 사람은 홀로 있는 법이 없다. 반드시 함께하는 사람들이 있다." _ 「이인」, 25

근심에 잠긴 사마우가 말했다. "남들은 모두 좋은 형제가 있는데, 나는 있어도 없는 듯합니다." 자하가 말했다. "내가 듣건대 '살고 죽는 것은 천명에 달려 있고, 부유하고 귀하게 되는 것은 하늘에 달려 있다'고 합니다. 군자가 공경의 자세를 잃지 않고, 사람을 대할 때 공손하면서도 예의가 있다면, 세상 사람들이 모두 형제입니다. 군자가 어찌 형제가 없다고 걱정하겠습니까?" _ 「안연」, 05

증자가 말했다. "군자는 글로써 벗을 모으고, 벗으로써 인仁을 북돋운다." _「안연」24

공자께서 말씀하셨다. "유익한 벗이 셋이고, 해로운 벗이 셋이다. 정직한 사람과 벗하고, 성실한 사람과 벗하고, 견문이 많은 사람과 벗하면 유익하다. 위선적인 사람과 벗하고, 겉과 속이 다른 사람과 벗하고, 말만 잘하는 사람과 벗하면 해롭다." _「계씨」04

자공이 벗을 사귀는 도리에 대해 물었다. 공자께서 말씀하셨다. "자기 마음을 다해서 충고하고 잘 이끌어주되, 따르지 않으면 그만두어야 한다. 스스로 모욕을 당하는 지경까지 이르러서는 안 된다." _「안연」23

자유가 말했다. "임금을 섬길 때 너무 자주 간언하면 치욕을 당하고, 친구에게 너무 자주 충고하면 멀어지게 된다." _「이인」26

공자께서 말씀하셨다. "함께 배울 수는 있어도 함께 도로 나아갈 수는 없다. 함께 도로 나아갈 수는 있어도 입장을 같이할 수는 없다. 입장을 같이할 수는 있어도 상황에 따른 판단을 같이할 수는 없다." _「자한」29

공자께서 말씀하셨다. "서로 가는 길이 다르면, 함께 일을 도모하지 않는다." _「위령공」, 40

자하의 제자가 자장에게 사람을 사귀는 도리에 대해 물었다. 자장이 말했다. "너희 선생인 자하는 뭐라고 하더냐?" 자하의 제자가 말했다. "선생님께서는 좋은 사람이면 사귀고, 좋지 않은 사람이면 상대하지 말라고 하셨습니다." 자장이 말했다. "내가 들은 것과는 조금 다르구나. 군자는 현명한 사람을 존중하고 대중을 포용한다. 선한 사람은 칭찬하고, 그렇지 못한 사람은 불쌍히 여긴다. 내가 크게 현명하다면 사람들이 나를 어찌 받아들이지 않겠느냐? 내가 현명하지 못하다면 사람들이 나를 거부할 것이다. 어떻게 내가 남을 거부할 수 있겠는가?" _「자장」, 03

안회와 자로가 공자를 모시고 있었다. 공자께서 말씀하셨다. "각자 자신이 품은 뜻을 말해 보지 않겠느냐?" 자로가 말했다. "저는 수레와 말 그리고 좋은 털로 만든 가죽옷을 친구와 함께 사용하다가, 그것들이 너덜너덜 헤지더라도 유감이 없고자 합니다." 안회가 말했다. "저는 잘하는 것을 자랑하지 않고, 공로를 과시하지 않으려 합니다." 자로가 물었다. "선생님의

뜻을 듣고 싶습니다." 공자께서 말씀하셨다. "노인들
은 편안하게 해주고, 친구들에게는 믿음을 주고, 젊
은이들은 감싸 주고자 한다."_「공야장」, 26

3-4.
정직해야 용감하다!

섭공이 공자께 말했다. "우리 마을에 정직한 사람이 있는데, 그의 아버지가 양을 훔치자 아들이 그 사실을 알려 주었습니다." 공자께서 말씀하셨다. "우리 마을의 정직한 사람은 이 사람과 다릅니다. 아버지는 자식을 위해 숨겨 주고, 자식은 아버지를 위해 숨겨 줍니다. 정직함은 이 속에 있습니다." _ 「자로」, 18

공자께서 말씀하셨다. "누가 미생고微生高: 노나라 사람를 정직하다고 했는가? 어떤 사람이 그에게 식초를 빌리러 오자, 이웃집에서 빌려다 주는구나." _ 「공야장」, 24

공자께서 말씀하셨다. "듣기 좋은 말만 하고, 얼굴빛을 잘 꾸미고, 지나치게 공손한 것을 좌구명左丘明: 노나라의 학자이 부끄럽게 여겼다고 하는데, 나 또한 이를 부끄럽게 여긴다. 원망함을 마음속에 숨기고 그 사람과 사귀는 일을 좌구명이 부끄럽게 여겼다고 하는데, 나 또한 이를 부끄럽게 여긴다." _「공야장」, 25

공자께서 말씀하셨다. "사람이 사는 도리는 정직함이다. 정직하지 않고도 살아가는 것은 요행으로 화를 면한 것이다." _「옹야」, 18

공자께서 말씀하셨다. "자기가 모셔야 하는 조상이 아닌데도 제사지내는 것은 아첨하는 것이다. 의로운 일을 보고도 행하지 않는 것은 용기가 없는 것이다."
_「위정」, 24

자로가 말했다. "군자도 용기를 숭상합니까?" 공자께서 말씀하셨다. "군자는 의로움을 최상으로 여긴다. 군자가 용기만 있고 의로움이 없다면 난리를 일으키고, 소인이 용기만 있고 의로움이 없다면 도둑질을 하게 된다." _「양화」, 23

공자께서 말씀하셨다. "맹지반孟之反은 자신의 공로를 자랑하지 않았다. 전쟁에서 패하여 도망갈 때, 뒤에 남아 싸우다가 성문으로 들어올 즈음에 말을 채찍질하며 말했다. '내가 뒤에 남아 싸우려고 한 것이 아니다. 말이 앞으로 나아가지 않았기 때문이다.'" _「옹야」, 14

공자께서 말씀하셨다. "용기를 좋아하고 가난을 싫어하면 난리를 일으키고, 사람이 어질지 못한 것을 지나치게 미워해도 난리를 일으킨다." _「태백」, 10

3-5.
말은 신중하게, 행동은 민첩하게!

어떤 사람이 말했다. "중궁仲弓은 어진 사람이기는 하지만 말재주가 없습니다." 공자께서 말씀하셨다. "말재주를 어디에 쓰겠는가? 약삭빠른 말재주로 사람을 대하면, 사람들에게 미움만 받을 뿐이다. 그가 인仁한 사람인지는 모르겠지만, 말재주를 어디에 쓰겠는가?" _「공야장」_ 05

공자께서 말씀하셨다. "덕이 있는 사람은 반드시 바른 말을 하지만, 말을 잘하는 사람이라고 반드시 덕이 있는 것은 아니다. 어진 사람은 반드시 용기가 있지만, 용기 있는 사람이라고 해서 반드시 어진 것은 아니다." _「헌문」_ 05

공자께서 말씀하셨다. "길에서 들은 말을 생각 없이 길에서 말해 버리는 것은 덕을 버리는 것이다." _「양화」, 14

자장이 벼슬을 구하는 방법에 대해 배우고자 했다. 공자께서 말씀하셨다. "많이 듣고서 의심스러운 것은 빼놓고, 그 나머지를 신중하게 말하면 허물이 적을 것이다. 많이 보고서 위태로운 것은 빼놓고, 그 나머지를 신중하게 행하면 후회가 적을 것이다. 말에 허물이 적고, 행동에 후회가 적으면 벼슬은 저절로 얻어질 것이다." _「위정」, 18

공자께서 말씀하셨다. "군자는 말은 신중하게, 행동은 민첩하게 하고자 한다." _「이인」, 24

자장이 어디서나 통하는 도리에 대해 물었다. 공자께서 말씀하셨다. "말이 진실하고[忠] 신의가 있으며[信], 행동이 독실하고[篤] 공경할 만하면[敬] 비록 오랑캐 땅에 가서라도 통할 것이다. 말이 진실하지 않고 신의가 없으며, 행동이 독실하지 않고 공경할 만한 것이 없으면 비록 자기 마을이라고 해도 통할 수 있겠느냐? 서 있으면 그 덕목들이 눈앞에 어른거리고, 수레에 타면 그 덕목들이 멍에에 새겨져 있는 듯이 보여야 한다. 그런 다음에는 어디서나 통할 것이다." 자장이 허리띠에 이 말을 적었다. _「위령공」, 06

공자께서 말씀하셨다. "옛사람이 말을 함부로 하지 않은 것은 행동이 그 말에 미치지 못함을 부끄러워했기 때문이다." _「이인」, 22

3-6.
항심, 흔들림 없는 마음

공자께서 말씀하셨다. "삼군三軍을 지휘하는 장수를 빼앗을 수는 있어도 한 사람이 품은 뜻을 빼앗을 수는 없다." _「자한」. 25

공자께서 말씀하셨다. "활쏘기에서는 '과녁의 가죽을 뚫는 데 주력하지 말고 맞추는 데 힘쓰라'라고 했다. 이는 사람마다 힘이 같지 않다고 여겼기 때문이다. 이것이 과거[古]의 활을 쏘는 도리였다." _「팔일」. 16

공자께서 말씀하셨다. "남쪽 사람들의 말에 '사람이 항심恒心이 없으면 천한 무당이나 의원도 될 수 없다'고 하니, 참으로 좋은 말이다." _「자로」. 22

공자께서 말씀하셨다. "성인을 만나볼 수 없다면, 군자라도 만나볼 수 있으면 좋겠다." 또 말씀하셨다. "선한 사람을 만나볼 수 없다면, 항심을 가진 사람이라도 만나볼 수 있으면 좋겠다. 없으면서도 있는 척, 비어 있으면서도 가득 찬 척, 곤궁하면서도 부유한 척한다면, 항심을 지니기가 어렵다." _「술이」, 25

3-7.
끓는 물에서 손을 빼듯
─ 허물을 대하는 법

공자께서 말씀하셨다. "자신은 엄격하게 책망하고 남은 가볍게 책망한다면 원망을 받지 않을 것이다."_ 「위령공」, 15

공자께서 말씀하셨다. "군자는 세 가지를 경계해야 한다. 젊을 때는 혈기가 안정되지 않았으니, 여색을 경계해야 한다. 장년이 되어서는 혈기가 왕성해지니, 싸움을 경계해야 한다. 늙어서는 혈기가 쇠약해지니, 탐욕을 경계해야 한다."_「계씨」, 07

공자께서 말씀하셨다. "허물이 있을 때 고치지 않는 것, 이것이 바로 허물이다."_「위령공」, 30

공자께서 말씀하셨다. "올바른 말로 일러주면 따르지 않을 수 있겠는가? 그러나 중요한 것은 허물을 고치는 일이다. 은근하게 충고하는 말을 들으면 기뻐하지 않을 수 있겠는가? 그러나 중요한 것은 말의 속뜻을 생각해 보는 것이다. 기뻐하기만 하고 속뜻은 생각하지 않고, 따르기만 하고 허물은 고치지 않으면, 나도 그 사람은 어떻게 할 수 없다." _「자한」, 23

공자께서 말씀하셨다. "선한 것을 보면 거기에 미치지 못할 것처럼 두려워하고, 선하지 않은 것을 보면 끓는 물에 손을 넣은 것처럼 빨리 피한다'라고 했다. 나는 그런 사람도 보았고 그런 말도 들었다. '숨어 살면서 자기의 뜻을 추구하고, 의義를 실천하면서 자기의 도를 달성한다'고 했다. 나는 그런 말은 들었지만, 그런 사람은 아직 보지 못했다." _「계씨」, 11

공자께서 말씀하셨다. "지위가 없음을 걱정하지 말고, 지위에 설 자격을 갖췄는지 걱정해야 한다. 남들이 자기를 알아주지 않음을 걱정하지 말고, 남에게 알려질 수 있도록 노력해야 한다." _「이인」, 14

『논어』

4부
정치와 군자
— 가장 가까운 것부터 가장 먼 것까지

4-1.
정치란 무엇인가

제나라 경공景公이 공자께 정치에 대해 물었다. 공자
께서 대답하셨다. "임금은 임금답고, 신하는 신하답
고, 부모는 부모답고, 자식은 자식다워야 합니다." 경
공이 말했다. "좋은 말씀입니다. 진실로 임금이 임금
답지 못하고, 신하가 신하답지 못하고, 부모가 부모
답지 못하고, 자식이 자식답지 못하다면, 비록 곡식
이 있어도 제가 그것을 얻어먹을 수 있겠습니까?" _
「안연」, 11

자로가 말했다. "위나라 임금이 선생님을 모시고 정
치를 한다면, 선생님은 가장 먼저 무엇을 하시겠습니
까?" 공자께서 말씀하셨다. "반드시 이름을 바로잡을
[正名] 것이다." 자로가 말했다. "그런 것도 있습니까?

선생님은 세상물정을 모르십니다. 어째서 그것부터 바로잡겠다 하십니까?" 공자께서 말씀하셨다. "어찌 이리도 촌스러우냐. 자로야! 군자는 모르는 것에 대해서는 잠자코 있는 것이다. 이름이 바르지 않으면 말에 순서가 없게 되고, 말에 순서가 없어지면 일이 이루어지지 않는다. 일이 이루어지지 않으면 예악禮樂이 흥성하지 못하고, 예악이 흥성하지 못하면 형벌이 제대로 시행되지 않는다. 형벌이 제대로 시행되지 않으면 백성들은 손과 발을 둘 곳이 없게 된다. 그러므로 군자가 이름을 바르게 하면 반드시 말을 순서 있게 할 수 있고, 말을 순서 있게 하면 반드시 실천할 수 있다. 군자는 그 말에 구차한 것이 없어야 한다."-
「자로」, 03

자장이 공자께 물었다. "어떻게 하면 정치를 잘 할 수 있습니까?" 공자께서 말씀하셨다. "다섯 가지의 덕을 존중하고, 네 가지의 악덕을 물리치면 정치를 잘 할 수 있다." 자장이 물었다. "무엇을 다섯 가지의 덕이라고 합니까?" 공자께서 말씀하셨다. "군자는 백성에게 은혜를 베풀지만 낭비하지는 않는다. 백성에게 수고로운 일을 시키면서도 원망을 사지 않는다. 뜻을 이루고자 하면서도 탐욕은 부리지 않는다. 너그러우면서도 교만하지 않고, 위엄이 있으면서도 사납지 않다." 자장이 물었다. "은혜를 베풀지만 낭비하지는 않는다는 말은 무슨 뜻입니까?" 공자께서 말씀하셨다. "백성에게 이로운 것을 살펴서 백성들을 이롭게 한다면 이것이 은혜를 베풀지만 낭비하지 않는 것이 아니겠느냐? 백성들 가운데 일할 만한 사람을 가려서 일을 시키면 누가 원망할 것이냐? 인(仁)을 실천하고자 해서 인을 이루면, 더 무엇을 탐하겠느냐? 군자는 재물이 많건 적건, 권력이 크건 작건 소홀하게 대하는 일이 없다. 이것이 너그러우면서도 교만하지 않은 것이 아니겠느냐? 군자가 의관을 바르게 하고, 시선을 위엄있게 하여, 사람들이 바라보고 두려워하면, 이것이 위엄이 있으면서도 사납지 않은 것이 아니겠느냐?" 자장이 물었다. "무엇을 네 가지의 악덕이라고 합니까?" 공자께서 말씀하셨다. "가르쳐 주지 않고 잘못했다고 죽이는 것을 잔학하다고 한다. 평소에 주의를 주지도 않다가 결과만 따져서 판단하는 것을 포악하다고 한다. 명령을 내리는 것을 소홀히 하고 갑자기 기한을 재촉하는 것을 해친다고 한다. 사람들에게 고르게 나누어 주어야 하는데 내주기를 아까워하는 것을 옹졸한 벼슬아치라고 한다." _「요왈」, 02

자공이 정치에 대해 물었다. 공자께서 대답하셨다. "식량이 풍족하고, 군대를 양성하며, 백성들에게 신뢰를 얻어야만 한다." 자공이 말했다. "그런데 부득이해서 한 가지를 버려야 한다면, 세 가지 가운데 어떤 것을 먼저 버려야 합니까?" 공자께서 말씀하셨다. "군대를 버린다." 자공이 말했다. "또 부득이해서 하나를 버려야 한다면, 남은 두 가지 중에 어떤 것을 먼저 버려야 합니까?" 공자께서 말씀하셨다. "식량을 버린다. 예로부터 누구나 죽게 마련이지만, 백성들의 신뢰가 없으면 그 나라는 존립할 수가 없다." _「안연」 07

애공哀公이 유약有若에게 물었다. "해마다 흉년이 들어 나라의 재정이 부족하니, 어떻게 해야 하는가?" 유약이 대답했다. "왜 철徹이라는 세법을 시행하지 않으십니까?" 애공이 말했다. "10분의 2로도 오히려 부족한데, 어찌 그 10분의 1을 받는 철법徹法을 쓰겠는가?" 유약이 대답했다. "백성들이 풍족하다면 임금께서는 누구와 더불어 부족하겠습니까? 백성이 부족하다면 임금께서는 누구와 더불어 풍족하시겠습니까?" _「안연」 09

섭공이 정치에 대해 물었다. 공자께서 말씀하셨다. "가까이 있는 사람들은 기뻐하며, 먼 곳에 있는 사람들은 찾아오게 하는 것입니다." _「자로」, 16

공자께서 위나라로 가실 때, 염유가 수행했다. 공자께서 말씀하셨다. "위나라에는 백성들이 참 많구나!" 염유가 말했다. "백성들이 많은 다음에는 거기에 무엇을 더 해주어야 합니까?" 공자께서 말씀하셨다. "풍족하게 해주어야지." 염유가 말했다. "풍족해진 다음에는 또 무엇을 더 해주어야 합니까?" 공자께서 말씀하셨다. "그리고 나서는 잘 가르쳐야지." _「자로」, 09

4-2.
정치가의 자격

공자께서 말씀하셨다. "참으로 자기 자신을 바르게 한다면, 정치를 하는 데 무슨 어려움이 있겠는가. 자신을 바르게 하지 못하면서 남인들 바르게 할 수 있겠는가?"_「자로」, 13

계강자季康子: 노나라의 실권자가 공자께 정치에 대해 물었다. "만일 무도한 자를 죽여 백성을 올바른 길로 나아가게 한다면, 어떻습니까?" 공자께서 대답하셨다. "그대는 정치를 한다면서 어찌 사람을 죽이는 방법을 쓰려 합니까? 그대가 선해지려고 한다면 백성들도 선해질 것입니다. 군자의 덕은 바람과 같고, 백성의 덕은 풀과 같습니다. 풀 위로 바람이 지나가면 풀은 반드시 쓰러질 것입니다."_「안연」, 19

자장이 정치에 대해 물었다. 공자께서 말씀하셨다. "관리로서 있을 때는 마음가짐에 나태함이 없게 하고, 정사를 처리할 때는 진실된 마음으로 해야 한다." _「안연」, 14

자로가 정치에 대해 물었다. 공자께서 말씀하셨다. "솔선수범하고 수고로운 일을 기꺼이 해야지." 자로가 말씀을 더 청했다. 공자께서 말씀하셨다. "그렇게 하는 것을 게을리 하지 말거라." _「자로」, 01

자하가 거보莒父라는 땅의 수령이 되어 정치에 대해 물었다. 공자께서 말씀하셨다. "빨리 성과를 얻으려고 하지 말고, 작은 이익에 집착하지도 말거라. 빨리 성과를 얻으려고 하면 제대로 달성할 수 없고, 작은 이익에 집착하면 큰일을 이루지 못한다." _「자로」, 17

공자께서 말씀하셨다. "천승의 나라제후의 나라를 다스릴 때는 일을 신중하게 처리하고, 백성들에게 신뢰를 주어야 한다. 물건은 필요에 맞게 쓰고 사람들은 아껴야 한다. 백성을 동원할 때는 그 시기를 잘 맞춰야 한다." _「학이」, 05

공자께서 말씀하셨다. "법으로 백성을 다스리고, 형벌로 백성을 바로잡으려 한다면 백성들은 형벌을 벗어날 길만 생각하고 부끄러워하지 않는다. 덕으로 백성을 다스리고, 예로 백성을 바로잡으려 한다면 백성들은 부끄러움을 알고 마음을 바르게 할 것이다."_「위정」, 03

공자께서 말씀하셨다. "덕으로써 정치하는 것은, 비유하자면 북극성은 제자리에 있고 모든 별들이 그 둘레를 도는 것과 같다."_「위정」, 01

공자께서 말씀하셨다. "인위적인 작위가 없이 나라를 다스린 사람은 순임금일 것이다. 무엇을 하셨겠는가? 몸가짐을 공손히 하고 바르게 임금의 자리에 앉아 계셨을 뿐이다."_「위령공」, 05

노나라 정공定公이 물었다. "임금이 신하를 부리고, 신하가 임금을 섬길 때는 어떻게 해야 합니까?" 공자께서 대답하셨다. "임금은 예로써 신하를 부리고, 신하는 충으로써 섬겨야 합니다."_「팔일」, 19

자로가 임금을 섬기는 방법에 대해 물었다. 공자께서

말씀하셨다. "속이지 말거라. 잘못이 있거든 숨기지 말고 직언하거라."_「헌문」. 23

4-3.
효(孝), 정치의 모든 것

어떤 사람이 공자께 물었다. "선생께서는 왜 정치에 참여하지 않습니까?" 공자께서 말씀하셨다. "『서경』에서 말하기를 '효도하라, 오직 효도하라! 형제간에 우애가 있게 하고 이것을 정치에까지 이르게 하라'고 했다. 이 또한 정치를 하는 것이다. 어찌 벼슬에 나가야만 정치하는 것이겠는가?"_「위정」 21

자유子游가 효도에 대해 물었다. 공자께서 말씀하셨다. "지금의 효도라는 것은 음식으로 부모를 잘 부양하는 것이라고 생각한다. 하지만 개나 말도 음식으로 부양하여 기르는 것이니, 부모를 공경하지 않으면서 음식으로 부양만 한다면 개나 말을 기르는 것과 무엇이 다르겠는가?"_「위정」 07

자하가 효도에 대해 물었다. 공자께서 말씀하셨다. "항상 밝은 얼굴로 부모를 섬기는 것은 어려운 일이다. 일이 있으면 젊은이가 그 수고로움을 대신하고, 술과 음식이 있으면 어른이 먼저 드시게 하는 것만을 가지고 효도라고 할 수 있겠느냐?"_「위정」08

맹의자孟懿子: 노나라 대부가 효도에 대해 물었다. 공자께서 대답하셨다. "어기지 마십시오." 번지가 공자의 수레를 몰고 있었는데, 공자께서 말씀하셨다. "맹의자가 나에게 효도에 대해 묻더구나. 나는 어기지 말라고 대답해 줬다." 번지가 물었다. "무슨 뜻입니까?" 공자께서 말씀하셨다. "부모가 살아계시면 예로써 섬기고, 돌아가시면 예로써 장례지내고, 예로써 제사지내라는 뜻이다."_「위정」05

맹무백孟武伯: 맹의자의 아들이 효도에 대해 물었다. 공자께서 대답하셨다. "부모는 오직 자식이 병들까만 걱정합니다."_「위정」06

증자가 병이 깊어지자, 제자들을 불러 말했다. "이불을 걷어서 내 발을 보아라! 내 손을 보아라! 『시경』에서 말하길 '두렵고 떨리는 마음으로 깊은 연못가에

서 있는 듯, 살얼음을 밟고 가는 듯'이라고 했다. 이제
야 몸을 손상시킬까 염려하는 일로부터 벗어나게 된
것을 알겠구나, 얘들아!"_「태백」, 03

공자께서 말씀하셨다. "아버지가 살아계실 때는 그
자식의 속마음을 살펴보고, 아버지가 돌아가신 뒤에
는 그 자식의 행동을 살펴야 한다. 아버지가 돌아가
신 뒤에도 삼 년 동안 아버지가 하시던 방법을 바꾸
지 않으면 효라고 할 수 있다."_「학이」, 11

공자께서 말씀하셨다. "부모가 살아계실 때는 멀리
가서는 안 된다. 나가게 되면 반드시 가는 곳을 알려
야 한다."_「이인」, 19

공자께서 말씀하셨다. "부모를 섬길 때는 잘못이 있
으시더라도 조심스레 말씀드려야 한다. 부모가 내 말
을 따르지 않으시더라도, 더욱 공경하고 부모의 뜻과
어긋남이 없어야 한다. 아무리 힘들어도 부모를 원망
해서는 안 된다."_「이인」, 18

재아가 물었다. "삼년상은 너무 깁니다. 군자가 삼 년
동안 예를 행하지 않으면, 반드시 예가 무너집니다.

삼 년 동안 음악을 연주하지 않으면, 음악도 반드시 무너질 것입니다. 묵은 곡식이 동나고 햇곡식이 익으며, 불 붙이는 부시나무도 바꿔서 사용했으니 일 년이면 될 것입니다." 공자께서 말씀하셨다. "쌀밥을 먹고 비단옷을 입는 것이 네 마음에 편하겠느냐?" 재아가 대답했다. "편합니다." 공자께서 말씀하셨다. "네가 편하다면 그렇게 해라! 군자가 상을 치를 때는 맛있는 음식을 먹어도 입에 달지 않다. 음악을 들어도 즐겁지 않고, 집에 있어도 편안하지 않다. 그렇기 때문에 그런 것들을 하지 않는 것이다. 지금 네가 편하다면 그렇게 해라!" 재아가 나가자 공자께서 말씀하셨다. "재아는 인(仁)하지 않구나! 자식은 태어난 지 삼 년 뒤에야 부모의 품에서 벗어난다. 삼년상은 천하의 보편적인 상례다. 재아도 태어나서 삼 년 동안은 부모로부터 사랑을 받았겠지!" _「양화」, 20

공자께서 말씀하셨다. "부모의 나이는 모를 수가 없다. 한편으로는 그 때문에 기쁘고, 한편으로는 그 때문에 두렵다." _「이인」, 21

4-4.
군자불기(君子不器)

공자께서 말씀하셨다. "군자는 쓰임이 한정된 그릇
이 아니다." _「위정」, 12

자로가 군자에 대해 물었다. 공자께서 말씀하셨다.
"자기를 수양해서 공경하는 사람이다." 자로가 말했
다. "그렇게만 하면 다 됩니까?" 공자께서 말씀하셨
다. "자기를 수양해서 남을 편안하게 해주어야 한다."
자로가 또 물었다. "그렇게만 하면 다 되나요?" 공자
께서 말씀하셨다. "자기를 수양해서 백성을 편안하
게 해주어야 한다. 자기를 수양해서 백성을 편안하
게 해주는 일은 요임금과 순임금도 어려워했던 일이
다." _「헌문」, 43

공자께서 말씀하셨다. "본바탕[質]이 꾸밈[文]보다 지나치면 촌스럽고, 꾸밈이 본바탕보다 지나치면 겉치레로 흐르게 된다. 본바탕과 꾸밈이 알맞게 조화를 이룬 뒤에야 군자가 된다."_「옹야」, 17

사마우가 군자에 대해 물었다. 공자께서 말씀하셨다. "군자는 근심하지도 않고 두려워하지도 않는다." 사마우가 말했다. "근심하지도 않고 두려워하지도 않으면, 군자라고 할 수 있습니까?" 공자께서 말씀하셨다. "안으로 스스로를 성찰하여 거리낌이 없는데 무엇을 근심하고, 무엇을 두려워하겠느냐?"_「안연」, 04

공자께서 말씀하셨다. "군자는 세상일에 대해 '이것만은 꼭 해야 된다'는 것도 없고, '이것만은 절대로 하면 안 된다'는 것도 없다. 단지 의로움을 따를 뿐이다."_「이인」, 10

자공이 군자에 대해 물었다. 공자께서 말씀하셨다. "먼저 그 말하려고 하는 것을 행동으로 옮기고, 그 뒤에 말하는 사람이다."_「위정」, 13

공자께서 말씀하셨다. "군자는 항상 아홉 가지를 생

각한다. 볼 때는 밝게 볼 것을 생각하고, 들을 때는 똑바로 들을 것을 생각하며, 얼굴빛은 온화하게 할 것을 생각한다. 몸가짐은 공손하게 할 것을 생각하고, 말할 때는 진실하게 할 것을 생각하며, 일할 때는 전념할 것을 생각한다. 의심이 날 때는 물어볼 것을 생각하고, 화가 날 때는 뒤에 겪게 될 곤란함을 생각하며, 이득이 될 것을 보았을 때는 그것이 의로운가를 생각한다."_「계씨」, 10

4-5.
군자는 늘 인(仁)에 머문다

자공이 말했다. "군자의 허물은 일식과 월식 같다. 허물이 있으면 사람들이 모두 쳐다보고, 허물을 고치면 사람들이 모두 우러러본다."_「자장」, 21

공자께서 말씀하셨다. "군자는 자신의 무능함을 근심하고, 남이 자신을 알아주지 않는 것은 근심하지 않는다."_「위령공」, 19

자하가 말했다. "모든 기술자들은 작업장에서 그들의 일을 이루고, 군자는 배움으로써 그들의 도를 이룬다."_「자장」, 07

공자께서 말씀하셨다. "부귀는 누구나 원하는 것이

지만, 정당한 방법으로 얻은 것이 아니라면 거기에 머물러 있어서는 안된다. 빈천은 누구나 싫어하는 것이지만, 정당한 방법으로 얻은 것이 아니더라도 억지로 떠나려 해서는 안된다. 군자가 인(仁)을 버리면 어디서 명예를 이루겠는가? 군자는 밥 한 끼 먹을 동안에도 인을 떠나지 않고, 바쁜 상황에서도 인에 머물며, 위급한 상황에서도 인에 머문다." _「이인」, 05

공자께서 말씀하셨다. "군자가 신중하지 않으면 위엄이 없으니, 배워도 견고해지지 않는다. 자기 마음을 다하고[忠] 남에게 믿음을 주는 것[信]을 중시하고, 자기보다 못한 사람은 벗으로 삼지 않으며, 잘못이 있으면 고치는 것을 꺼리지 않아야 한다." _「학이」, 08

공자께서 동쪽 오랑캐의 땅에 가서 살고자 하셨다. 어떤 사람이 말했다. "그곳은 누추한 곳인데, 어찌 가서 살려고 하십니까?" 공자께서 말씀하셨다. "군자가 그곳에 살면, 무슨 누추함이 있겠는가?" _「자한」, 13

4-6.
삶에 대한 능동과 수동 — 군자 vs 소인

공자께서 말씀하셨다. "군자는 일의 성패를 자기에게서 구하고, 소인은 남에게서 구한다."_「위령공」, 21

공자께서 말씀하셨다. "군자는 남의 좋은 점을 이루게 해주고, 남의 나쁜 점은 이루어지지 않도록 한다. 소인은 그 반대다."_「안연」, 16

공자께서 말씀하셨다. "군자는 여러 사람과 두루 사귀고 사적인 이익으로 사람들과 관계하지 않는다. 소인은 사적인 이익으로 사람들과 만나고 여러 사람을 두루 사귀진 않는다."_「위정」, 14

공자께서 말씀하셨다. "군자는 조화를 이루지만 똑

같아지지 않게 하고, 소인은 똑같아져서 조화를 이루지 못하게 한다."_「자로」, 23

공자께서 말씀하셨다. "군자는 덕을 마음에 품지만, 소인은 거처의 편안함만을 생각한다. 군자는 법도를 지키려 하지만, 소인은 특혜만을 생각한다."_「이인」, 11

공자께서 말씀하셨다. "군자는 의리에 밝고, 소인은 이익에 밝다."_「이인」, 16

공자께서 말씀하셨다. "군자는 느긋하면서 교만하지 않고, 소인은 교만하면서 차분하지 않다."_「자로」, 26

공자께서 말씀하셨다. "군자는 근본적인 것에 통달하고, 소인은 지엽적인 것에 통달한다."_「헌문」, 24

공자께서 말씀하셨다. "군자는 섬기기는 쉬우나 기쁘게 해주기는 어렵다. 정당하지 않은 방법으로 기쁘게 해주고자 하면 기뻐하지 않는다. 군자는 사람을 부릴 때, 그 그릇에 맞게 일을 맡긴다. 반면 소인은 섬기기는 어려우나 기쁘게 해주기는 쉽다. 정당하지 않은 방법으로 기쁘게 해주더라도 그는 기뻐한다. 소인

은 사람을 부릴 때, 아무 일이나 맡겨 놓고 잘할 것을
요구한다." _「자로」, 25

맹자께서 양혜왕을 만나셨다. 양혜왕이 말했다.

"선생께서 천리 길을 멀다하지 않고 오셨으니 내 나라에 이익이 있겠지요?"

맹자께서 대답하셨다.

"왕께서는 하필이면 이익을 말씀하십니까? 오직 인의仁義가 있을 뿐입니다. 왕께서 '어떻게 하면 내 나라를 이롭게 할까' 하시면 대부들도 '어떻게 하면 내 집안을 이롭게 할까' 생각하고, 선비와 서민들도 '어떻게 하면 내 한 몸을 이롭게 할까' 생각합니다. 이처럼 윗사람과 아랫사람이 다투어 자신의 이익을 취하려 하면 나라가 위태로워집니다. 만일 의義를 나중에 생각하고 이익을 먼저 생각한다면 서로 빼앗지 않고는 만족하지 못할 것입니다. 인仁을 실천하면서 자기의 부모를 버리는 사람은 없고, 의로우면서 자기의 임금을 무시하는 사람은 없습니다. 왕께서는 인의를 말씀하셔야지 어찌 이익을 말씀하십니까?"

낭송Q시리즈 동청룡
낭송 논어/맹자

『맹자』 편

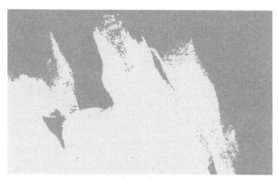

『맹자』

1부
인간 맹자와 전쟁의 시대

1-1.
공자를 사숙하다

맹자께서 말씀하셨다.

"군자가 사람을 가르치는 방법은 다섯 가지이다. 때
맞춰 내리는 비가 만물의 변화를 만들어 내는 것처럼
하는 방법이 있고, 스스로 덕을 이루게 해주는 방법
도 있다. 그의 재능을 통달하게 해주는 방법도 있으
며, 질문에 대답해 주는 방법도 있다. 또한 직접 배우
지 않고도 그 사람을 본받아 혼자 덕을 닦게 해주는
방법[私淑]도 있다. 이 다섯 가지가 군자가 사람을 가
르치는 방법이다._「진심」(盡心) 상, 40

맹자께서 말씀하셨다. "군자가 세상에 미친 영향은
다섯 세대가 지나면 끊긴다. 소인이 세상에 미친 영
향도 다섯 세대가 지나면 끊긴다. 나는 직접 공자의

제자가 될 수 없었다. 다행히 다섯 세대가 지나기 전
다른 사람으로부터 공자의 도道를 배울 수 있었다."_

「이루」(離婁) 하, 22

1-2.
인의(仁義)가 밥 먹여 준다!

제자 팽경彭更이 물었다.

"뒤따르는 수레가 수십 대이고, 따르는 사람들이 수백 명입니다. 이들을 거느리고 제후들을 찾아다니며, 밥을 얻어먹는 것은 너무 지나친 일이 아닙니까?"

맹자께서 말씀하셨다.

"정당한 방법이 아니면 남에게 한 그릇의 밥이라도 받아서는 안 된다. 정당한 방법이라면 순임금이 요임금에게 천하를 물려받은 것도 지나친 일이 아니다. 너는 우리가 지나치다고 생각하느냐?"

팽경이 대답했다.

"그런 말이 아닙니다. 선비가 하는 일도 없이 밥을 얻어먹는 것은 옳지 않다는 것입니다."

맹자께서 말씀하셨다.

"네가 백성들을 다스린다고 하자. 사람들이 만든 물건을 서로 바꾸고, 일을 서로 분담하도록 해주지 않는다면, 농부는 곡식이 남아돌고 여자들은 삼베가 남아돌 것이다. 네가 그것을 유통시켜 준다면, 목수와 수레 만드는 사람들이 모두 네 덕분에 먹을 것을 얻을 수 있게 된다. 여기에 한 사람이 있다고 하자. 집에 들어가서는 부모에게 효도하고, 밖에서 나와서는 어른들을 공경한다. 선왕先王들의 도를 지키고, 후학자들에게 그것을 전하는 일을 한다. 그런데 너에게 먹을 것을 얻을 수 없다고 해보자. 너는 어째서 목수와 수레 만드는 사람들은 존중하면서 인仁과 의義를 실천하는 사람은 가볍게 여기는가?"_「등문공」(滕文公) 하, 04

1-3.
나는 함부로 부를 수 없는 신하다

맹자께서 제선왕을 알현하려고 하셨다. 이때 왕이 사람을 보내왔다. "과인이 찾아가서 뵈어야 하는데, 감기에 걸려 바람을 쐴 수가 없습니다. 내일 아침 조회에서 뵙고자 하는데, 뵐 수 있겠습니까?"

맹자께서 대답하셨다. "불행히도 병이 있어서 조회에 갈 수 없습니다."

다음날 맹자께서 제나라 대부 동곽씨東郭氏의 집에 문상을 가고자 하셨다. 제자 공손추公孫丑가 물었다. "어제는 병이 있다고 사양하셨습니다. 그런데 오늘은 문상을 가려고 하시니, 어째 옳지 않은 것 같습니다."

맹자께서 대답하셨다. "어제는 병이 있었고, 오늘은 다 나았다. 어째서 문상을 가지 않겠느냐?"

얼마 후, 왕이 사람을 시켜 병에 대해 묻고는, 어의를 보냈다. 집에 있던 맹중자孟仲子: 맹자의 사촌가 대답했다. "어제 왕이 부르셨으나 병이 있어서 조회에 나갈 수 없었습니다. 오늘은 조금 나아져서 조정으로 달려가셨습니다. 잘 도착하셨는지 모르겠습니다." 그러고는 몇 사람을 시켜 길목을 지키게 했다. 맹자께 말을 전하기 위해서였다. "집으로 돌아오지 마시고 반드시 조정으로 가십시오." 맹자께서 어쩔 수 없이 대부인 경추씨景丑氏의 집으로 가서 머무셨다.

경추가 말했다.

"집 안에서는 부모와 자식 사이가, 집 밖에서는 군주와 신하 사이가 사람의 큰 윤리입니다. 부모와 자식은 은혜를 중요하게 여기고, 임금과 신하는 공경을 중요하게 여깁니다. 저는 왕께서 선생을 공경하는 것을 보았습니다. 그러나 선생께서 왕을 공경하는 것은 보지 못했습니다."

맹자께서 말씀하셨다.

"허, 그게 무슨 말씀이시오? 제나라 사람들 중에 인의仁義를 가지고 왕에게 말하는 사람은 없습니다. 인의가 좋지 못한 것이라고 여겨서 그렇게 하는 것이겠습니까? 그들은 속으로 '이런 왕과 어떻게 인의를 말할 수 있겠는가?'라고 생각합니다. 이것보다 불경함이 큰 것은 없습니다. 저는 요임금과 순임금의 도가 아니면 왕 앞에서 말하지 않았습니다. 그러니 제나라 사람들 중에 저보다 왕을 공경하는 사람은 없을 것입니다."

경추가 말했다.

"아닙니다. 제가 말한 불경이란 그런 뜻이 아닙니다. 『예기』禮記에 이런 말이 있습니다. '아버지가 부르시면 대답할 겨를도 없이 일어나 달려가고, 임금이 부르시면 수레에 말이 매어지기를 기다리지 않고 달려간다.' 선생께서는 본래 조회에 나가려고 하다가, 왕의 명령을 듣고는 도리어 가지 않았습니다. 저 『예기』의 뜻과는 부합하지 않는 것 같습니다."

맹자께서 말씀하셨다.

"아니, 그게 무슨 말씀이시오? 증자曾子께서 이런 말씀을 하셨습니다. '진晉나라와 초楚나라의 부유함에는 내가 따라갈 수 없다. 저들이 그 부유함을 가지고 나를 대한다면 나는 인仁을 가지고 대할 것이다. 저들이 작위를 가지고 나를 대한다면 나는 의義를 가지고 대할 것이다. 내가 무엇이 부족하겠는가?' 증자께서 어찌 옳지 않은 말씀을 하셨겠습니까? 이것도 하나의 도리인 것입니다.

천하에 두루 통하는 존귀함이 세 가지 있습니다. 작위가 그 하나이고, 나이가 그 하나이며, 덕이 그 하나입니다. 조정에선 작위만 한 것이 없고, 마을에선 나이만 한 것이 없으며, 세상을 돕고 백성을 자라게 하는 데는 덕만 한 것이 없습니다. 백성을 이끄는 데는 덕이 제일입니다. 어찌 세 가지 중에 하나를 가진 사람이 나머지 둘을 가진 사람을 우습게 여길 수 있겠습니까? 그러므로 큰일을 할 군주는 반드시 마음대로 불러들일 수 없는 신하를 가지고 있는 법입니다. 큰일을 의논할 때는 오히려 군주가 그를 찾아갔습니다. 군주가 덕을 존중하고 도를 즐기는 태도가 이와 같지 않다면 함께 큰일을 할 수 없습니다.

은나라 탕왕은 이윤(伊尹)에게 배운 뒤에야 그를 신하로 삼았습니다. 그런 까닭에 힘들이지 않고 왕이 될 수 있었습니다. 제나라 환공(桓公)은 관중(管仲)에게 배운 뒤에야 그를 신하로 삼았습니다. 그런 까닭에 힘들이지 않고 패자(霸者)가 될 수 있었습니다. 지금 천하의 제후들은 영토도 서로 비슷하고, 덕도 서로 비슷합니다. 서로를 뛰어넘지 못하는 것은 다른 이유 때문이 아닙니다. 자기가 가르칠 수 있는 사람을 신하로 삼기 좋아하고, 자기가 가르침을 받을 수 있는 사람은 신하로 삼으려 하지 않습니다. 탕임금은 이윤을, 제 환공은 관중을 감히 함부로 부르지 못했습니다. 관중 같은 사람도 함부로 부를 수 없는데, 하물며 관중처

럼 되는 것을 원하지 않는 나 같은 사람이야 더 말해
무엇하겠습니까?"_「공손추」(公孫丑) 하, 02

1-4.
맹자, 그대는 무엇을 하고 있는가

맹자께서 제나라 대부 지와蚳鼃에게 말씀하셨다.

"그대가 영구靈丘 땅의 수령직을 사양하고 법관이 되기를 청한 것은 일리가 있습니다. 법관은 왕에게 간언할 수 있는 직책이기 때문입니다. 그런데 법관이 된 지 벌써 몇 달이 지났는데 아직까지 간언하지 않는 것입니까?"

지와는 그 말을 듣고 왕에게 간언했다. 그러나 왕이 받아들이지 않자 관직을 버리고 떠났다. 그러자 제나라 사람들이 말했다. "맹자가 지와에게 조언한 내용은 옳은 것이지만 정작 자신은 무엇을 하고 있는지 모르겠다."

제자 공도자公都子가 그 말을 맹자께 전해 드렸다. 맹자께서 말씀하셨다.

"내가 듣기로, 관리가 그 책임을 다하지 못하면 자리에서 물러난다고 했다. 간언의 책임이 있는 사람도 간언이 받아들여지지 않으면 떠난다고 했다. 나는 관직도 없고 왕에게 간언할 책임도 없는 사람이다. 내가 나아가고 물러나는 데 어찌 느긋하고 여유롭지 않겠는가?" _「공손추」하, 05

1-5.
구설수에 오른 어머니의 장례식

맹자께서 제나라에서 노나라로 돌아와 어머니의 장례를 치르셨다. 다시 제나라로 돌아올 때 영^嬴이라는 지역에서 묵으셨다. 그때 제자 충우^{充虞}가 물었다. "장례식 때 선생님께서 제가 못난 줄도 모르시고, 관을 마련하는 일을 맡기셨습니다. 그때 일이 급해서 묻지 못했습니다. 지금 여쭙고 싶습니다. 관으로 쓴 나무가 지나치게 좋았던 것은 아닙니까?"

맹자께서 말씀하셨다.

"옛날에는 내관內棺과 외관外棺을 쓰는 데 정해진 법도가 없었다. 그러다가 내관의 두께를 7촌^{약 21센티미터}으로 정하고, 외관도 거기에 맞췄다. 천자로부터 일반 서민들까지 동일했다. 이것은 보기 좋기 때문에 그렇게 한 것이 아니다. 그렇게 해야 장사지내는 사람의 마음이 흡족해졌기 때문이다. 법 때문에 그렇게 할수 없으면 자식 된 사람의 마음이 기쁘지 않다. 재력이 모자라 그렇게 할 수 없을 때도 자식 된 사람의 마음이 기쁘지 않다. 법으로도 그렇게 할 수 있고, 재력으로도 그렇게 할 수 있다면 옛사람들은 모두 그렇게했다. 어째서 나만 그렇게 하지 않겠느냐? 돌아가신부모님의 살갗에 흙이 닿지 않아야 자식의 마음이 기쁘지 않겠느냐? 나는 이렇게 들었다. '군자는 천하의재물을 아끼기 위해 부모에게 인색하게 하지 않는다'고." _「공손추」하, 07

노魯나라 평공平公이 외출하려고 하자, 총애하는 측근인 장창臧倉이 물었다.

"전에 군주께서 외출하실 때면 반드시 담당 관리에게 가실 곳을 말씀해 주셨습니다. 지금 군주의 수레가 출발할 채비를 다 갖췄는데 관리는 아직도 군주께서 어디로 가시려는지 알지 못합니다. 어디로 가려고하십니까?"

평공이 말했다. "맹자를 만나 보려고 한다." 장창이말했다.

"어째서입니까? 군주께서 몸을 낮추어 일개 필부에게 가려고 하시니. 그 사람을 어질다고 생각하십니까? 예의는 현자에게서 나오는 법입니다. 맹자는 모친의 장례를, 먼저 치른 부친의 장례보다 지나치게 성대하게 치렀습니다. 그러니 군주께서는 맹자를 만나지 마십시오."

그러자 평공이 말했다. "알았다."

맹자의 제자 악정자樂正子가 평공을 만나서 말했다. "군주께서는 어째서 맹가孟軻: 맹자를 만나지 않으셨습니까?" 평공이 말했다. "어떤 사람이 나에게 '맹자는 모친의 장례를 부친의 장례보다 지나치게 성대하게 치렀다'고 말하기에 만나러 가지 않은 것이오."

악정자가 물었다.

"무슨 말씀입니까? 군주께서 '성대하게 치렀다'고 하시는 것은 부친의 장례에는 사士의 예로써 하고, 모친의 장례에는 대부大夫의 예로써 한 것을 말씀하시는 겁니까? 부친의 장례에는 세 솥의 제물祭物을 쓰고, 모친의 장례에는 다섯 솥의 제물을 쓴 것을 말씀하시는 겁니까?"

평공이 말했다. "그런 것이 아니오. 내관과 외관 그리고 수의가 화려한 것을 말하는 것이오." 악정자가 말했다. "그것은 지나친 것이 아닙니다. 단지 부친의 장례 때와 모친의 장례 때에 빈부의 정도가 달랐기 때문입니다."

악정자가 물러나 맹자를 뵙고 말했다.

"제가 군주께 말씀드려 군주께서 선생님을 만나려고 했는데, 측근인 장창이라는 자가 군주를 막았습니다. 그래서 군주께서 오시지 못했습니다."

맹자께서 말씀하셨다.

"가게 되려면 가게 해주는 사람이 있고, 멈추게 되려면 멈추게 하는 사람이 있다. 그러나 가고 멈추는 것 자체는 남이 시켜서 할 수 있는 일이 아니다. 내가 노나라 군주를 만나지 못한 것은 하늘이 한 일이다. 어찌 장씨의 자식이 나와 군주를 만나지 못하게 했겠느냐?"_「양혜왕」(梁惠王) 하, 16

1-6.
하늘이 나 말고 누구를 쓸 것인가

맹자께서 제나라를 떠나실 때, 제자 충우充虞가 길에서 물었다.

"선생님의 안색이 유쾌해 보이지 않습니다. 예전에 제가 선생님께 듣기를, '군자는 하늘을 원망하지 않고, 남을 탓하지도 않는다'고 하셨습니다."

맹자께서 말씀하셨다.

"그때는 그때이고, 지금은 지금이다. 오백 년마다 반드시 훌륭한 왕이 나왔다. 그 사이에 반드시 이름을 떨치는 이도 나왔다. 주周나라가 시작된 이래로 칠백여 년이나 지났다. 햇수로 따져도 이미 오백 년이 지난 것이다. 시기로 보자면 훌륭한 왕이 나올 때다. 하늘이 천하를 평안하게 하려 하지 않아서 그렇지, 만일 천하를 평안하게 하려거든 지금 세상에 나 말고

누가 있겠는가? 내 무엇 때문에 유쾌해하지 않겠느냐?"_「공손추」하, 13

1-7.
시대는 왜 하필 이익을 말하는가

맹자께서 양혜왕을 뵈었다. 양혜왕이 말했다.

"선생께서 천 리 길을 멀다하지 않고 오셨으니 내 나라에 이익이 있겠지요?"

맹자께서 대답하셨다.

"왕께서는 하필이면 이익을 말씀하십니까? 오직 인의仁義가 있을 뿐입니다. 왕께서 '어떻게 하면 내 나라를 이롭게 할까' 하시면 대부들도 '어떻게 하면 내 집안을 이롭게 할까' 생각하고, 선비와 서민들도 '어떻게 하면 내 한 몸을 이롭게 할까' 생각합니다. 이처럼 윗사람과 아랫사람이 다투어 자신의 이익을 취하려 하면 나라가 위태로워집니다. 만승萬乘의 나라천자의 나라에서 그 임금을 시해하는 자는 반드시 천승千乘을 가진 공경公卿의 집안에서 나옵니다. 천승의 나라에서 그 임금을 시해하는 자는 반드시 백승百乘을 가진 대부의 집안에서 나옵니다. 만승의 나라에서 천승을 봉록으로 받거나 천승의 나라에서 백승을 봉록으로 받았다면 결코 적은 것이 아닙니다. 그럼에도 만일 의義를 나중에 생각하고 이익을 먼저 생각한다면 서로 빼앗지 않고는 만족하지 못할 것입니다. 인仁을 실천하면서 자기의 부모를 버리는 사람은 없고, 의로우면서 자기의 임금을 무시하는 사람은 없습니다. 왕께서는 인의를 말씀하셔야지 어찌 이익을 말씀하십니까?"_「양혜왕」상, 01

1-8.
오십보백보, 왕도만이 다른 출구다

양혜왕이 말했다.

"과인은 나라를 다스리는 일에 온 마음을 다하고 있습니다. 하내河內 지방에 흉년이 들면 그곳의 백성들을 하동河東으로 이주시키고 하내에 곡식을 보냈습니다. 하동 지방에 흉년이 든 경우에도 그렇게 했습니다. 이웃 나라의 정치를 살펴보면 과인처럼 마음을 쓰는 자가 없습니다. 그럼에도 이웃 나라의 백성은 줄어들지 않고, 과인의 백성은 늘어나지 않으니 무슨 이유입니까?"

맹자께서 대답하셨다.

"왕께서 전쟁을 좋아하시니 전쟁에 비유해도 되겠습니까? 둥둥 북을 치면서 나아가 전투가 벌어졌는데 갑옷을 버리고 무기를 끌면서 도망가는 사람들이 있었습니다. 어떤 사람은 백 보를 도망간 뒤에 멈추고, 어떤 사람은 오십 보를 도망간 뒤에 멈췄습니다. 그런데 오십 보 도망간 사람이 백 보 도망간 사람을 비웃는다면 어떻겠습니까?"

양혜왕이 대답했다. "옳지 않습니다. 백 보가 아닐 뿐 그 또한 도망간 것은 마찬가지입니다."

맹자께서 말씀하셨다.

"왕께서 이를 아신다면 이웃 나라보다 백성이 많아지길 바라지 마십시오. 백성들이 농사철을 놓치지 않게 해주면 곡식은 다 먹을 수 없을 만큼 넉넉해집니다. 촘촘한 그물을 웅덩이와 연못에 넣지 않게 하면 물고기와 자라는 다 먹을 수 없을 만큼 넘쳐납니다. 도끼를 가지고 제철에만 산림에 들어가면 재목은 다 쓸 수 없을 만큼 풍족해집니다. 곡식과 물고기와 자라를 다 먹을 수 없고 재목을 다 쓸 수 없으면 백성들이 산 사람을 봉양하고 죽은 사람을 장사지내는 데 유감이 없도록 할 수 있습니다. 산 사람을 봉양하고 죽은 사람을 장사지내는 데 유감이 없도록 하는 것이 왕도王道 정치의 시작입니다.

다섯 무畝: 고대의 토지 단위. 1무는 약 52평 넓이의 땅에 뽕나무를 심으면 오십 세 된 노인이 비단옷을 입을 수 있습니다. 또 닭과 돼지와 개 등을 기를 적에 번식할 때를

놓치지 않으면 칠십 세 된 노인이 고기를 먹을 수 있습니다. 백 무 넓이의 땅에 농사철을 빼앗지 않으면 여러 가구가 굶주리지 않을 수 있습니다. 상서庠序: 국가가 설치한 교육기관에서의 교육에 힘써서 효도와 공경의 의미를 거듭 가르치면 머리가 희끗희끗한 노인이 길에서 짐을 지거나 이고 다니지 않게 됩니다. 칠십 세의 노인이 비단옷을 입고 고기를 먹으며, 젊은이들이 굶주리지도 춥지도 않게 하고 천하의 왕이 되지 못할 사람은 없습니다.

개와 돼지가 사람이 먹을 양식을 먹는데도 단속할 줄 모르고, 길에 굶어 죽은 시체가 있어도 창고를 열 줄 모르고, 사람이 굶주려 죽게 되어도 '나 때문이 아니다. 흉년 때문이다'라고 한다면, 사람을 찔러 죽이고도 '내가 그런 것이 아니다. 칼이 그랬다'라고 말하는 것과 무슨 차이가 있겠습니까? 왕께서 흉년에 죄를 돌리지 않으신다면 천하의 백성들이 왕에게로 올 것입니다." _「양혜왕」상. 03

1-9.
칼로 죽이는 것과 정치로 죽이는 것

양혜왕이 말했다. "과인이 가르침을 받고자 합니다."

맹자께서 말씀하셨다. "사람을 몽둥이로 죽이는 것과 칼로 죽이는 것에 차이가 있습니까?"

양혜왕이 대답했다. "차이가 없습니다."

맹자께서 말씀하셨다. "사람을 칼로 죽이는 것과 정치로 죽이는 것에 차이가 있습니까?"

양혜왕이 대답했다. "차이가 없습니다."

맹자께서 말씀하셨다.

"왕의 푸줏간에는 살진 고기가 있고 마구간에는 살진 말이 있는데, 백성들은 굶주린 기색이 역력하고 들에는 굶어 죽은 시체가 있다면 이것은 짐승들로 하여금 사람을 잡아먹게 한 것입니다. 사람들은 짐승들이 서로를 잡아먹는 것도 싫어합니다. 하물며 백성의 부모인 왕이 되어 정치를 하면서 짐승들로 하여금 사람을 잡아먹도록 한다면 백성의 부모인 이유가 어디에 있겠습니까? 공자께서 말하길 '처음으로 순장에 쓰이는 인형을 만든 자는 후손이 없을 것이다!'라고 했습니다. 그것은 사람을 본떠서 장례에 사용했기 때문입니다. 그런데 어찌하여 백성들을 굶어 죽게 만든단 말입니까?" _「양혜왕」 상, 04

1-10.
어진 사람에게는 적이 없다

양혜왕이 말했다.

"예전에 천하에서 우리 진(晉)나라보다 강한 나라가 없었다는 사실은 선생께서도 아시는 바입니다. 그러나 과인의 대에 이르러 동쪽으로는 제나라에 패하여 큰 아들이 죽었습니다. 서쪽으로는 진(秦)나라에 칠백 리의 땅을 잃었습니다. 남쪽으로는 초나라에 치욕을 당했으니, 과인은 이것이 수치스럽습니다. 죽은 사람들을 위해 한번 설욕하고자 하는데 어떻게 하면 좋겠습니까?"

맹자께서 대답하셨다.

"땅이 사방 백 리만 되어도 천하의 왕이 될 수 있습니다. 만일 왕께서 백성들에게 어진 정치[仁政]를 베풀어서 형벌을 줄이고 세금을 적게 거둔다면 백성들은 깊이 밭을 갈고 김을 잘 맬 것입니다. 또 장성한 자들이 한가한 날에는 효제孝悌와 충신忠信을 닦아 집에 들어가서는 부모와 형제를 섬기고 나가서는 어른들을 섬길 것입니다. 이들로 하여금 몽둥이를 만들어 진나라와 초나라의 견고한 갑옷과 날카로운 무기에 맞서게 하면 될 것입니다. 반면 저들은 백성들의 농사철을 빼앗아 백성들로 하여금 밭을 갈고 김을 매며 부모를 봉양하는 일을 못하게 하고 있습니다. 부모가 얼어 죽고 굶어 죽으며 형제와 처자들은 사방으로 흩어지게 하고 있습니다. 저들이 백성을 함정에 빠뜨리고 도탄에 빠뜨릴 때 왕께서 가서 정벌한다면 누가 왕과 대적할 수 있겠습니까? 그러므로 '어진 사람에게는 맞설 사람이 없다'[仁者無敵]고 한 것입니다. 왕께서는 제 말을 의심하지 마십시오."_「양혜왕」상. 05

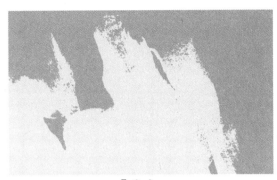

『맹자』

2부
백성은 귀하고, 군주는 가볍다
― 맹자의 정치학

2-1.
차마 볼 수 없는 마음

제선왕이 물었다. "제나라 환공과 진晉나라 문공의
일을 들을 수 있겠습니까?"

맹자께서 대답하셨다.

"공자의 제자들 중에는 환공과 문공의 일을 말한 자
가 없습니다. 이런 이유로 후세에 전해진 것이 없어
아직 저도 듣지 못했습니다. 이야기를 그만두지 말라
고 하신다면 왕도王道에 대해 말씀드리겠습니다."

제선왕이 말했다.

"덕이 어떠해야 천하의 왕이 될 수 있습니까?"

맹자께서 말씀하셨다.

"백성을 잘 보호해 주고 왕도를 행한다면 막을 수 있
는 사람이 없을 것입니다."

제선왕이 말했다.

"과인 같은 사람도 백성을 잘 보호할 수 있습니까?"

맹자께서 말씀하셨다.

"가능합니다."

제선왕이 말했다.

"무슨 이유로 과인이 가능하다고 보십니까?"

맹자께서 말씀하셨다.

"제가 호흘(胡齕)이라는 신하에게 이런 이야기를 들었습니다. 왕께서 대청 위에 앉아 계실 때 소를 끌고 대청 아래를 지나가는 사람이 있었답니다. 그것을 보시고 왕께서 '소가 어디로 가는가?'라고 물으셨다고 합니다. 그 사람이 대답하길 '이 소의 피를 받아서 종에 바르려고 데려갑니다'라고 하자, 왕께서 '놓아주어라. 나는 그 소가 두려움에 벌벌 떨면서 죄도 없이 사지로 가는 것을 차마 볼 수가 없구나'라고 했다고 합니다. '그러면 종에다 피를 바르는 의식을 그만둘까요?'라고 하니, '어찌 그만둘 수 있겠느냐? 양으로 바꾸라'고 하셨답니다. 이러한 일이 있었습니까?"

제선왕이 말했다.

"있었습니다."

맹자께서 말씀하셨다.

"이 마음이라면 왕도를 행하기에 충분합니다. 백성들은 모두 왕께서 재물이 아까워서 소를 양으로 바꿨다고 생각하지만, 저는 왕께서 차마 볼 수가 없어서 그렇게 하셨다는 걸 알고 있습니다."

제선왕이 말했다.

"그렇습니다. 진실로 그렇게 생각하는 백성들이 있습니다. 제나라가 비록 작기는 하지만, 내 어찌 한 마리 소를 아끼겠습니까? 벌벌 떨면서 죄 없이 사지로 가는 것을 차마 볼 수 없었습니다. 그래서 양으로 바꾸라고 한 것입니다."

맹자께서 말씀하셨다.

"왕께서는 백성들이 재물을 아꼈다고 말하는 것을 이상하게 생각하지 마십시오. 큰 소를 작은 양으로 바꾸는 것만 보았을 뿐이니, 백성들이 어찌 왕의 속마음을 알겠습니까? 그런데 왕께서 만약 죄도 없이 사지로 끌려가는 것을 측은하게 생각하셨다면 어째서 소와 양을 차별하셨습니까?"

제선왕이 웃으며 말했다. "이것이 진실로 무슨 마음일까요? 나는 재물이 아까워서 소를 양으로 바꾸게 한 것이 아닙니다. 그런데 백성들은 나더러 재물을 아꼈다고 말합니다."

맹자께서 말씀하셨다.

"상심하실 것 없습니다. 이것이 바로 인(仁)을 실천하는 방법입니다. 소는 직접 보았고 양은 보지 못했기 때문입니다. 군자는 금수의 살아 있는 모습을 보면 차마 그것이 죽는 것을 보지 못합니다. 죽으면서 애처롭게 우는 소리를 듣고는 차마 그 고기를 먹지 못합니다. 이런 이유로 군자는 푸줏간을 멀리하는 것입니다."

제선왕이 기뻐하며 말했다.

"『시경』에서 '다른 사람이 지닌 마음을 내가 헤아리네'라고 하였는데, 선생을 두고 한 말입니다. 내가 그렇게 해놓고 돌이켜 생각해 봤지만 내 마음을 알 수 없었습니다. 선생께서 설명해 주시니 마음이 탁 트이는 듯합니다. 그런데 그런 마음이 왕도를 행하는 데 부합된다는 것은 무슨 뜻입니까?"

"어떤 사람이 왕에게 와서 '백균百鈞: 고대의 무게단위. 1균은 30근의 무게는 충분히 들 수 있지만 깃털 하나는 들 수 없습니다. 가을의 짐승터럭은 볼 수 있지만 수레에 실은 땔감 더미는 볼 수 없습니다'라고 하면 왕께서는 그 말을 인정하시겠습니까?"

제선왕이 말했다.

"인정할 수 없습니다."

맹자께서 말씀하셨다.

"지금 왕의 은혜가 금수에게까지 미치기에 충분하면서 오직 백성에게만 그 은혜가 미치지 않는 것은 무슨 이유입니까? 깃털 하나를 들지 못하는 것은 힘을 쓰지 않았기 때문이고, 수레에 실린 땔감 더미를 보지 못하는 것은 눈을 쓰지 않은 것입니다. 백성들이 제대로 보호받지 못한 것도 은혜를 베풀지 않았기 때문입니다. 그러므로 왕께서 왕도를 행하지 못하는 것은 하지 않는 것이지 못하는 것이 아닙니다." _「양혜왕」
상.07

2-2.
하지 않는 것과 하지 못하는 것

제선왕이 물었다.

"하지 않는 것과 하지 못하는 것은 어떻게 다른 것입니까?"

맹자께서 대답하셨다.

"태산을 옆구리에 끼고서 북해를 뛰어넘는 것을 '나는 할 수 없다'고 말한다면, 그것은 정말로 할 수 없는 일입니다. 어른을 위해서 지팡이로 쓸 나뭇가지를 꺾어 주는 일을 '나는 할 수 없다'고 한다면, 그것은 하지 않는 것이지 하지 못하는 것이 아닙니다. 그러므로 왕께서 왕도를 행하는 것은 태산을 옆에 끼고서 북해를 뛰어넘는 일처럼 할 수 없는 일이 아닙니다. 왕께서 왕도를 행하지 않는 것은 어른을 위해 나뭇가지를 꺾어 주는 일을 하지 않는 것처럼 하지 않는 일입니다.

내 집안의 어른을 공경하는 마음을 넓혀 남의 집 어른도 공경하고, 내 자식을 사랑하는 마음을 넓혀 남의 자식도 사랑한다면 천하를 손바닥 위에 놓고 움직일 수 있습니다. 『시경』에 '내 아내를 사랑하는 마음으로 형제까지 사랑하고, 그 마음으로 나라를 다스리네'라고 했습니다. 이는 아내를 사랑하는 마음으로 백성까지 사랑한다는 말입니다. 그러므로 은혜를 넓혀 가면 사해四海를 보호할 수 있고, 은혜를 넓혀 가지 못하면 아내와 자식도 보호할 수 없습니다. 옛 성현들이 보통사람보다 뛰어났던 까닭은 다른 것이 아닙니다. 은혜를 넓혀 가는 일을 잘했기 때문입니다. 지금 은혜가 금수에게는 미치면서 백성들에게는 미치지 않은 것은 무슨 까닭입니까?

저울질을 한 뒤에야 가볍고 무거운 것을 알 수 있습니다. 자로 재 보아야 길고 짧은 것도 알 수 있습니다. 모든 것이 그렇지만 마음은 더욱 그러합니다. 왕께서는 마음을 헤아려 보십시오." _「양혜왕」상. 07

2-3.
백성을 그물질하지 말라

맹자께서 말씀하셨다.

"군대를 일으켜 군사와 신하들을 위태롭게 하고 제후들과 원한을 맺은 후에야 마음이 유쾌하시겠습니까?"

제선왕이 말했다.

"아닙니다. 어떻게 그것을 유쾌하게 여기겠습니까? 장차 간절히 원하는 것을 얻기 위해서입니다."

맹자께서 "간절히 원하는 것을 들을 수 있겠습니까?"라고 묻자 왕이 웃으며 말하지 않았다. 맹자께서 다시 물으셨다.

"기름지고 맛있는 음식이 입에 부족하십니까? 가볍고 따뜻한 옷이 몸에 부족하십니까? 아니면 아름다운 색채가 눈에 차지 않으십니까? 아름다운 음악이 귀에 차지 않으십니까? 총애하는 사람들이 부리기에 부족하십니까? 이런 것들은 왕의 신하들이 충분히 공급할 텐데, 왕께서는 어찌 이런 것들 때문이라고 하겠습니까?"

제선왕이 말했다. "아닙니다. 그런 것들 때문이 아닙니다."

맹자께서 말씀하셨다.

"그렇다면 왕께서 간절히 원하는 바를 알 만 합니다. 영토를 넓히고, 진秦나라와 초나라에게 조공을 받고 중국을 다스리고 사방의 오랑캐들을 주무르고자 하시는 것입니다. 그러나 군대를 일으키는 방법으로 간절히 원하는 바를 구한다면 나무에 올라가서 물고기를 구하는 것[緣木求魚]과 같습니다."

제선왕이 말했다. "그토록 심하단 말입니까?"

맹자께서 대답하셨다.

"그보다 더 심할 것입니다. 나무에 올라가 물고기를 구하는 것은 비록 물고기를 얻지 못하더라도 나중에 재앙은 없습니다. 그러나 그와 같은 방법으로 원하는 바를 이루려고 할 경우에는 마음을 다하고 힘을 쏟아도 뒤에 반드시 재앙이 있을 것입니다."

제선왕이 말했다. "그 이유를 들을 수 있겠습니까?"

맹자께서 대답하셨다.

"추나라 사람들이 초나라 사람들과 싸운다면 왕께서는 누가 이길 것이라 생각하십니까?"

제선왕이 대답했다. "초나라 사람들이 이길 것 같습니다."

맹자께서 말씀하셨다.

"그렇다면 작은 나라는 절대로 큰 나라를 대적할 수 없고, 인구가 적은 나라는 절대로 인구가 많은 나라를 대적할 수 없으며, 힘이 약한 나라는 절대로 힘이 강한 나라를 대적할 수 없는 것입니다. 지금 천하에 사방이 천리인 나라가 아홉입니다. 제나라도 그중 하나입니다. 그런데 하나를 가지고 여덟을 복종시키는 것이 어찌 추나라가 초나라를 대적하는 것과 다르겠습니까? 어찌 근본으로 돌아가지 않으십니까?

지금 왕께서 훌륭한 정치를 펴고 인仁을 베푸시면, 천하에 벼슬하는 자들이 왕의 조정에서 벼슬하기를 바라고, 농사짓는 사람들도 모두 왕의 들에서 농사짓기를 바라며, 장사꾼들도 모두 왕의 시장에 물건을 쌓아두고 장사하기를 바라고, 여행하는 사람들도 모두 왕의 길로 다니기를 바랄 것입니다. 그렇게 되면 자기 군주를 미워하는 천하 사람들이 모두 왕에게 달려와 하소연할 것입니다. 누가 그들을 막을 수 있겠습니까?"

제선왕이 말했다.

"내가 어리석어 그 경지까지는 나갈 수 없습니다. 바라건대, 선생님께서 내 뜻을 도와주시고, 밝게 가르쳐 주십시오. 내 비록 못났지만 한번 해보겠습니다."

맹자께서 말씀하셨다.

"안정된 생업[恒産]이 없으면서도 안정된 마음[恒心]을 지니는 것은 오직 선비만이 할 수 있습니다. 백성들은 안정된 생업이 없으면 안정된 마음도 없어집니다. 만일 안정된 마음이 없으면 방탕하고 편벽되고 간사하고 사치스러운 행위를 하지 않을 수 없습니다. 이들이 죄를 저지르게 한 다음에 이들을 처벌한다면 이것은 백성을 그물질하는 것입니다. 어찌 어진 사람이 군주의 자리에 있으면서 백성을 그물질할 수 있겠습니까? 그러므로 현명한 군주는 백성의 생업을 마련해 주고 반드시 위로는 부모를 섬기기에 충분하고 아래로는 처자를 먹여 살릴 수 있도록 해줍니다. 풍년에는 1년 내내 배부르고, 흉년에는 죽음을 면하게 합니다. 그런 다음에 백성들을 이끌어서 선한 데로 가게 합니다. 그러므로 백성들이 따르기가 쉬운 것입니다.

지금은 백성의 생업을 마련한다면서 위로는 부모를 섬기기에 부족하고, 아래로는 처자를 먹여 살리기에 부족합니다. 풍년에도 일 년 내내 고생하고 흉년에도 죽음을 면치 못합니다. 죽음으로부터 자신을 구제할 여유조차 없는데 어느 겨를에 예의를 익히겠습니까? 왕께서 왕도정치를 행하고자 하신다면 어찌 그 근본으로 돌아가지 않으십니까?"_「양혜왕」상.07

2-4.
맹자의 이상정치론 — 왕도정치

제선왕이 물었다. "왕도정치에 대해서 들을 수 있겠습니까?"

맹자께서 대답하셨다.

"옛날에 문왕文王이 기岐라는 지역을 다스릴 때 농사짓는 사람에게는 9분의 1세를 거두었습니다. 관리에게는 대대로 녹봉을 주었고, 관문과 시장에서는 감시만 하고 세금을 거두지 않았습니다. 못과 도랑에서는 물고기 잡는 것을 금하지 않았고, 죄인을 처벌할 땐 처자까지 죄를 묻지 않았습니다. 늙고 아내가 없는 홀아비를 '환鰥'이라 합니다. 늙고 남편이 없는 과부는 '과寡'라고 합니다. 늙어서 자식이 없는 무의탁자는 '독獨'이라고 합니다. 어려서 부모를 잃은 아이는 '고孤'라고 합니다. 이 네 부류의 사람들은 천하에서 가장 곤궁한 백성들입니다. 어디 하소연할 곳도 없는 사람들입니다. 문왕은 정치를 하고 인을 베풀 때 반드시 이 네 부류의 사람들[鰥寡孤獨]을 먼저 챙기셨습니다. 그래서 『시경』에 '부자들은 괜찮지만, 곤궁하고 외로운 사람들이 애처롭다'라고 했습니다."

제선왕이 말했다. "참으로 좋은 말씀입니다."

맹자께서 물으셨다. "왕께서는 이것을 좋다고 생각하시면서, 어째서 행하지 않습니까?"

제선왕이 대답했다. "과인에게는 결점이 있습니다. 과인은 재물을 좋아합니다."

맹자께서 말씀하셨다.

"옛날에 공유公劉: 주나라 시조 후직의 증손자라는 사람도 재물을 좋아했습니다. 『시경』에 말하길 '양식을 길에도 쌓아놓고, 창고에도 쌓아놓네. 말린 양식을 싸서 전대에도 담고 자루에도 담았네. 백성을 편안하게 하고 나라의 위세를 크게 떨쳤네. 활과 화살을 마련하고 창과 방패, 도끼까지 준비해서 비로소 길을 떠나는구나'라고 했습니다. 남은 사람들에게는 길과 창고에 쌓인 곡식이 있고, 길 떠나는 사람들에게는 양식을 싼 전대와 자루가 있었습니다. 그런 뒤에야 길을 떠날 수 있었습니다. 왕께서 재물을 좋아하기를 백성과 함께 하신다면 왕도를 행하는 데 무슨 어려움이 있겠습니까?"

또 제선왕이 말했다. "과인에게는 결점이 있습니다. 과인은 여색을 좋아합니다."

맹자께서 대답하셨다.

"옛날에 태왕太王: 공유의 9대손. 주나라 문왕의 조부이 여색을 좋아해 왕비를 사랑했습니다. 『시경』에 말하길 '고공단보태왕가 아침에 말을 달려 서쪽 물가를 따라 왔네. 기산岐山 아래 이르러 강씨 부인과 함께 와서 사실 곳을 살폈네'라고 했습니다. 당시 안으로는 시집 못 가 원망하는 여자가 없었고, 밖으로는 장가 못 가 외로운 사내가 없었습니다. 왕께서 여색을 좋아하기를 백성과 함께 하신다면 왕도를 행하는 데 무슨 어려움이 있겠습니까?"_「양혜왕」하, 05

2-5.
여민동락(與民同樂), 백성과 함께하라!

제선왕의 신하 장포莊暴가 찾아왔다. 맹자를 만나서
말했다.

"제가 왕을 뵈었을 때, 왕께서 저에게 '음악을 좋아한
다'고 하셨습니다. 저는 여기에 대답하지 못했습니
다. 음악을 좋아하는 것은 어떻습니까?"

맹자께서 말씀하셨다.

"왕께서 음악을 진실로 좋아한다면 제나라는 잘 다
스려질 것입니다."

다른 날 맹자께서 제선왕을 만나셨다.

"예전에 왕께서 장포에게 음악을 좋아한다고 말씀하
신 적이 있다고 들었는데, 그런 일이 있었습니까?"

왕이 당혹하여 얼굴을 붉히면서 말했다.

"과인은 선왕들의 음악을 좋아하는 것이 아니라 그

저 세속의 음악을 좋아할 뿐입니다."

맹자께서 말씀하셨다.

"왕께서 음악을 매우 좋아하신다면 제나라는 잘 다스려질 것입니다. 지금의 음악도 옛날의 음악과 같습니다."

제선왕이 말했다.

"그 이유를 들을 수 있겠습니까?"

맹자께서 대답하셨다.

"홀로 음악을 즐기는 것과 남들과 함께 음악을 즐기는 것 가운데, 어느 쪽이 더 즐겁습니까?"

제선왕이 대답했다.

"남들과 함께 즐기는 것이 더 즐겁습니다."

맹자께서 말씀하셨다.

"몇몇 사람들과 음악을 즐기는 것과 많은 사람들과 음악을 즐기는 것 가운데, 어느 쪽이 더 즐겁습니까?"

제선왕이 대답했다. "많은 사람들과 함께 즐기는 것이 더 즐겁습니다."

맹자께서 말씀하셨다.

"제가 왕을 위해 음악에 대해 말씀드리겠습니다. 지금 왕께서 이곳에서 음악을 연주한다고 생각해 보십시오. 백성들이 왕의 종소리와 북소리, 피리소리를 들을 것입니다. 그런데 그 소리에 머리를 아파하고 이마를 찌푸리며 말합니다. '우리 왕은 어찌 음악 연주를 좋아하는가. 우리를 이토록 고통스럽게 만들고, 아버지와 아들이 서로 만나지 못하게 하고, 형제와 처자를 흩어지게 하는구나.'

또 왕께서 이곳에서 사냥을 한다고 생각해 보십시오. 백성들이 왕의 수레소리와 말소리를 듣고 깃털로 장식한 깃발의 아름다움을 볼 것입니다. 그런데 그것들 때문에 머리를 아파하고 이마를 찌푸리며 말합니다. '우리 왕은 어찌 사냥을 좋아하는가. 우리를 이토록 고통스럽게 만들고, 아버지와 아들이 서로 만나지 못하게 하며, 형제와 처자를 흩어지게 하는구나.' 이것은 다름이 아니라, 왕께서 백성들과 함께 즐기지 않기 때문입니다.

지금 왕께서 이곳에서 음악을 연주한다고 생각해 보십시오. 백성들이 왕의 종소리와 북소리, 피리소리를 듣고는 환하게 기뻐하는 얼굴로 말합니다. '우리 왕은 편찮으신 데가 없으신가 보다. 음악을 연주하는 걸 보니.' 또 왕께서 이곳에서 사냥을 하신다고 생각해 보십시오. 백성들이 왕의 수레소리와 말소리를 듣고 깃털로 장식한 깃발의 아름다움을 보고는 환하게 기뻐하는 얼굴로 말합니다. '우리 왕은 편찮으신 데가 없으신가 보다. 사냥을 하시는 걸 보니.' 이것은 다름이 아니라, 왕께서 백성들과 함께 즐기기 때문입니다. 지금 왕께서 백성들과 함께 즐기신다면 왕도정치를 하실 수 있습니다." _ 「양혜왕」 하, 01

2-6.
나라 안에 함정을 파지 말라

제선왕이 물었다. "문왕의 동산이 사방 칠십 리였다
고 하는데, 그랬습니까?"

맹자께서 대답하셨다. "전해오는 기록에 그런 말이
있습니다."

제선왕이 물었다. "그렇게나 컸습니까?"

맹자께서 대답하셨다. "백성들은 오히려 작다고 여
겼습니다."

제선왕이 물었다. "과인의 동산은 사방 사십 리인데
도 백성들은 오히려 크다고 여깁니다. 어째서 그렇습
니까?"

맹자께서 대답하셨다. "문왕의 동산은 사방 칠십 리
였지만 꼴 베고 나무하는 사람들이 그곳에 드나들었
습니다. 꿩 잡고 토끼 잡는 사람들도 그곳에 드나들

었습니다. 백성들과 함께하니 백성들이 작다고 여기는 것은 당연하지 않겠습니까? 제가 처음에 제나라 국경에 이르렀을 때 제나라에서 크게 금지하는 것에 대해 물어본 후에 들어왔습니다. 제가 듣기로 '교외에 사방 사십 리인 동산이 있는데, 거기에 있는 사슴을 죽이면 살인죄와 같이 다스린다'고 했습니다. 이는 사방 사십 리의 동산으로 나라 안에 함정을 만든 것입니다. 백성들이 크다고 여기는 것이 당연하지 않겠습니까?"_「양혜왕」 하, 02

2-7.
나라가 다스려지지 않으면?

맹자께서 제선왕에게 물으셨다.

"왕의 신하 가운데 자기 아내와 자식을 친구에게 부탁하고 초나라에 가서 유람하던 사람이 있었는데, 그 사람이 돌아와 보니 친구가 자기 아내와 자식을 추위에 떨게 하고 굶주리게 했다면 어떻게 하시겠습니까?"

제선왕이 대답했다.

"그를 버리겠습니다."

맹자께서 물으셨다.

"사법관이 아랫사람을 잘 다스리지 못하면 어떻게 하시겠습니까?"

제선왕이 대답했다.

"그만두도록 하겠습니다."

맹자께서 물으셨다.

"나라 안이 잘 다스려지지 않으면 어떻게 하시겠습니까?"

왕은 좌우를 돌아보며 딴청을 피웠다. _「양혜왕」하, 06

2-8.
일개 필부를 죽였을 뿐

제선왕이 물었다.

"탕왕湯王이 걸왕桀王을 내쫓고, 무왕武王이 주왕紂王을 정벌했다고 합니다. 그런 일이 있었습니까?"

맹자께서 대답하셨다.

"전해오는 기록에 그런 말이 있습니다."

제선왕이 다시 물었다.

"신하가 자기 임금을 죽여도 괜찮습니까?"

맹자께서 대답하셨다.

"인仁을 해치는 자를 '도적'[賊]이라고 합니다. 의義를 해치는 자는 '잔악하다'[殘]고 합니다. 잔악하고 도적 같은 사람을 필부라고 합니다. 일개 '필부'인 주의 목을 베었다는 말은 들었어도 임금을 죽였다는 말은 듣지 못했습니다."_「양혜왕」하, 08

2-9.
소국의 생존법

등나라 문공文公이 물었다.

"우리 등나라는 작은 나라입니다. 모든 힘을 다해서 큰 나라를 섬겨도 침입을 벗어날 수가 없습니다. 어떻게 하면 좋겠습니까?"

맹자께서 대답하셨다.

"옛날에 태왕이 빈邠이라는 지역에 사실 적에 북쪽 오랑캐가 쳐들어왔습니다. 그들을 가죽과 비단으로 섬겼지만 침입을 벗어날 수 없었습니다. 개나 말을 바치며 섬겼지만 침입을 벗어날 수 없었고, 진주와 옥을 바치며 섬겼지만 침입을 벗어날 수 없었습니다. 마침내 태왕이 원로들을 불러놓고 말했습니다. '북쪽 오랑캐들이 원하는 것은 우리의 땅이오. 내가 들기로 군자는 사람을 기르기 위한 수단일 뿐인 땅 때문에 사람을 해치지 않는다고 하였소. 군주가 없다고 여러분이 걱정할 것이 무엇이겠소? 내가 여기를 떠나겠소.' 그리고 빈을 떠나 양산을 넘어서 기산 밑에다 도읍을 정하고 살았습니다. 그러자 빈^邠 땅 사람들 가운데 '이분은 어진 사람이다. 놓쳐서는 안 된다'라고 하면서 따라오는 사람들이 마치 시장처럼 북적거렸습니다.

어떤 사람은 '대대로 지켜오던 땅이니 나 혼자 마음대로 할 수 없다. 죽음을 무릅쓰고 떠나지 않겠다'라고 했습니다. 군주께서는 이 두 가지 중에서 하나를 선택하십시오.'_「양혜왕」하, 15

2-10.
왕들이 따르는 왕 그리고 정전법

등나라 문공이 나라를 다스리는 방법에 대해 물었다. 맹자께서 대답하셨다.

"하나라는 한 가구에 오십 무의 땅을 주고 공貢이라는 세법을 썼습니다. 은나라는 한 가구에 칠십 무의 땅을 주고 조助라는 세법을 썼습니다. 주나라는 일백 무의 땅을 주고 철徹이라는 세법을 썼습니다. 모두 10의 1세였습니다. '철'은 천하에 두루 통한다는 뜻이고, '조'는 백성들의 힘을 빌렸다는 뜻입니다.

과거의 현자였던 용자龍子가 말하길, '땅을 다스리는 법으로는 조법助法만 한 것이 없고, 공법貢法보다 나쁜 것이 없다'라고 했습니다. 공법은 몇 년 동안의 수확을 비교해서 평균치의 세금을 정한 것입니다. 풍년엔 곡식이 남아서 많이 거두어도 괜찮았지만 적게 거두어들이고, 흉년에는 밭에 거름주기에도 부족한데 반드시 수량만큼 거두어들이게 됩니다. 그렇게 되면 왕은 백성의 부모가 되어서 백성들로 하여금 일 년 내내 고생하게 만들고, 그들의 부모조차 봉양할 수 없게 합니다. 게다가 빚을 내어 정해진 세금을 채우게 하고 노인과 어린아이가 굶어 죽어 도랑에 뒹굴게 됩니다. 어찌 백성의 부모라고 할 수 있겠습니까?

대대로 봉록을 주는 제도는 등나라도 원래 시행한 것입니다. 『시경』에서 말하기를 '우리 공전公田에 비가 내려 우리 사전私田에 미치네'라고 했습니다. 조법은 공전에만 있었으니 이로써 보건대 주나라도 역시 조법을 쓴 것입니다.

이렇게 생업이 안정되면 상庠과 서序, 학學과 교校를 세워서 백성들을 가르쳤습니다. '상'은 어른을 봉양한다는 뜻이고, '교'는 가르친다는 뜻이고, '서'는 활쏘기를 익힌다는 뜻입니다. 하나라는 '교'라고 했고, 은나라는 '서'라고 했고, 주나라는 '상'이라고 했습니다. '학'은 하·은·주 삼대가 이름을 같이 했으니 모두 인륜을 밝히기 위한 것이었습니다. 인륜이 위에서 밝아지면 백성들은 아래에서 친밀하게 지내게 됩니다. 장차 천하를 다스릴 왕이 나오면 반드시 등나라에 와서 그 법도를 본받을 것이니, 이는 천하를 다스릴 왕의 스승이 되는 것입니다."

등나라 문공이 신하인 필전畢戰을 보내서 정전법에 대해서도 물었다. 맹자께서 말씀하셨다.

"그대의 군주가 어진 정치仁政를 행하고자 그대를 뽑아서 나에게 묻도록 했습니다. 그러니 그대는 반드시 노력해야 할 것입니다. 어진 정치는 반드시 토지의 경계를 확정하는 것에서 시작됩니다. 경계가 바르지 않으면 정전井田의 토지가 균등하게 분할되지 못하고, 토지의 수확에서 얻는 봉록 또한 공평하지 못하게 됩니다. 그러므로 폭군이나 탐관오리는 반드시 토지의 경계를 정하는 것에 태만하기 마련입니다. 경계가 바르게 되면 토지를 나눠주고 봉록을 정하는 일은 앉아서도 정할 수 있게 됩니다.

등나라의 땅은 좁지만 그 안에도 군자가 될 사람이 있고, 야인이 될 사람도 있습니다. 군자가 없으면 야인을 다스릴 수 없고, 야인이 없으면 군자를 먹여 살리지 못합니다. 바라건대, 지방에서는 9분의 1을 세금으로 내는 조법助法을 시행하고, 수도에서는 10분의 1을 세금으로 내는 철법撤法을 시행해서 스스로 세금을 내도록 하십시오. 경卿 이하의 관리들은 반드시 규전圭田이 있어야 하는데, 규전은 오십 무畝로 하십시오. 장정이 더 있으면 일 인당 이십오 무를 더 주십시오. 이렇게 하면 백성들이 죽은 사람을 장사 지내거나 집을 이사해도 자기가 살던 고향을 떠나지 않을 것입니다.

마을의 정전을 함께 경작하는 자들이 정전에 드나들면서 친구처럼 지내고, 도둑에 대비하고 망을 보면서 서로 돕습니다. 병이 나더라도 서로 부축해 줄 것이고, 백성들이 친근하고 화목해질 것입니다. 사방이 각 일 리가 되는 땅이 일 정井이고, 일 정은 구백 무입니다. 그 한복판이 공전公田입니다. 여덟 가구가 저마다 일백 무의 사전을 받고 함께 공전을 가꾸어 공전의 일을 마친 뒤에 사전의 농사일을 합니다. 이것은 군자와 야인을 구분하기 위한 것입니다. 이상이 정전법의 대략입니다. 이러한 제도로 백성들을 잘 살게 하는 것은 군주와 그대의 몫입니다." _「등문공」상, 03

『맹자』

3부
사상과 논쟁
— 인간이란 어떤 존재인가?

3-1.
내가 논쟁하는 이유

제자 공도자公都子가 물었다.

"밖의 사람들은 모두 선생님께서 논쟁하기를 좋아한다고 그러는데, 왜 그런 것입니까?"

맹자께서 말씀하셨다.

"내가 어찌 논쟁하기를 좋아하겠는가. 부득이不得已해서이다. 천하에 사람이 살아온 지 오래되었다. 그동안 한 번 다스려지면 한 번 어지러워졌다. 요임금의 시대에는 물이 역류해서 중국에 범람했다. 뱀과 용이 그곳에 서식하자 백성들은 정착해서 살 수가 없었다. 지대가 낮은 곳에 사는 사람들은 나무에 집을 짓고 살았고, 지대가 높은 곳에 사는 사람들은 동굴을 파고 살았다. 『서경』에 '하늘이 큰물을 내려 우리를 경계하게 하셨다'라고 했는데, 큰물이란 홍수를 말하는 것이다.

순임금이 우禹에게 홍수를 다스리게 했다. 우는 땅에
물길을 파서 물이 바다로 흘러가게 하고 뱀과 용을
몰아 수초가 우거진 곳으로 내쫓았다. 물이 제방을
따라 흘러갔다. 이것이 양자강과 회수淮水 그리고 하
수河水와 한수漢水다. 홍수의 위험에서 벗어나고 새와
짐승들이 사라지자 비로소 사람들이 평지를 얻어 살
수 있었다.

요임금과 순임금이 죽자 성인의 도가 쇠퇴했다. 폭군
이 대대로 나와서 백성들의 집을 허물고 자기의 연못
을 만들어서 백성들이 편안하게 살 수 없게 되었다.
또 농지를 버려두고 자기의 동산을 만들어 백성들이
입을 것과 먹을 것을 제대로 얻지 못하게 했다. 잘못
된 학설과 포악한 행동이 일어나서 동산과 연못과 늪
이 많아지고 새와 짐승들이 모여들었다. 은나라 주왕
에 이르러 천하가 또다시 어지러워졌다.

주공이 무왕을 도와서 주왕을 죽였고 엄奄나라를 정
벌하여 삼 년 만에 그 군주를 죽였다. 주왕이 총애하
던 비렴飛廉을 바닷가로 몰아내어 죽였다. 멸망시킨
나라가 오십 개였고, 범과 표범, 코뿔소와 코끼리를
몰아내 멀리 쫓으니 천하 사람들이 크게 기뻐했다.
『서경』에서 말하기를 '크게 빛나는구나. 문왕의 계획

이여. 위대하게 계승하셨구나. 무왕의 공적이여. 우리 후세 사람들을 깨우쳐 주시고 바른 도리로써 결함이 없게 하셨다'라고 했다.

그러나 또다시 세상이 쇠퇴하고 도가 희미해졌다. 잘못된 학설과 포악한 행동이 다시 일어나 신하로서 군주를 죽이는 자가 있었고, 자식으로서 부모를 죽이는 자가 있었다. 공자께서 이를 두려워해 『춘추』를 지으셨다. 『춘추』와 같은 역사서를 쓰는 것은 본래 천자가 하는 일이다. 그러므로 공자께서 '나를 알아주는 것도 오직 『춘추』 때문이며, 나를 비난하는 것도 오직 『춘추』 때문이다'라고 하셨다.

공자께서 돌아가신 뒤로는 성왕聖王이 나오지 않았다. 그래서 제후들이 방자하게 굴고 초야의 선비들이 제멋대로 떠들어댔다. 양주楊朱와 묵적墨翟의 말이 천하에 가득 차고 천하의 주장들이 양주가 아니면 묵적에게 귀속되었다. 양주는 오직 자신만을 위하니[爲我] 결국은 군주를 부정하는 것이고 묵적은 차별없는 사랑[兼愛]을 말하니 이는 부모를 부정하는 것이다. 부모를 부정하고 군주를 부정하는 것은 짐승과 같다.

양주와 묵적의 도가 사라지지 않으면 공자의 도가 드러나지 않을 것이다. 이것은 잘못된 학설이 백성을 속여서 인의의 길을 가로막는 것이다. 인의의 길

이 가로막히면 짐승으로 하여금 사람을 잡아먹게 하
다가 마침내는 사람들이 서로를 잡아먹게 될 것이다.
나는 이것이 두렵다. 그래서 성인의 도를 지키고 양
주와 묵적을 막아서 무책임한 말들을 추방하고 잘못
된 학설을 하는 자가 나오지 않게 하려는 것이다. 잘
못된 학설이 백성들의 마음속에서 일어나면 그들의
일을 해치고, 일을 해치면 정치를 해친다. 성인이 다
시 나오신다 하더라도 내 말을 바꾸지 않을 것이다.
나도 사람들의 마음을 바로잡고 잘못된 학설을 그치
게 하며, 잘못된 행동을 막고 도리를 넘어선 궤변을
몰아내어 우임금과 주공, 공자 세 성인의 일을 계승
하려고 한다. 내 어찌 논쟁하기를 좋아하겠느냐? 부
득이해서이다.”_「등문공」하, 09

3-2.
묵가 VS 맹자 ─ 사랑엔 차별이 없는가

묵자墨子를 따르는 이지夷之가 맹자의 제자 서벽徐辟을
통하여 맹자를 만나려고 했다. 맹자께서 말씀하셨다.
"나도 만나보고 싶지만 지금은 병중이라 만나지 못
하겠다. 병이 나으면 내가 직접 찾아가서 만날 것이
다. 이지는 오지 않아도 된다."
얼마 뒤 또다시 맹자를 만나려고 했다. 맹자께서 서
벽에게 말씀하셨다.
"지금이라면 만날 수 있다. 그에게 직설적으로 말하
지 않으면 우리의 도가 드러나지 않을 것이다. 그러
니 직설적으로 말하겠다. 내가 듣기로 이지는 묵가
라고 한다. 묵가에서는 장례를 검소하게 치르는 것을
도리로 삼는다. 이지는 묵가의 사상으로 천하의 풍속
을 바꾸려고 하니 당연히 이 도리를 귀하게 여길 것

이다. 그런데도 이지는 자기 부모의 장례를 성대하게 치렀다. 이는 자신이 천하게 여기는 것으로 자기 부모를 섬긴 것이다."

서벽이 맹자께서 하신 말씀을 이지에게 전하자, 이지가 말했다.

"유가의 도에 의하면, 옛 성현들은 '백성을 갓난아기 돌보듯이 한다'라고 했습니다. 이 말은 무슨 뜻이겠습니까? 바로 사랑에는 차별이 없지만, 사랑을 베풀 때는 자기 부모로부터 시작해야 한다는 뜻이라고 생각합니다."

서벽이 이지의 말을 맹자께 전하자, 맹자께서 말씀하셨다.

"이지는 정말로 사람들이 자기의 조카와 이웃집 아이를 똑같이 사랑한다고 생각하는가? 그 말의 맥락을 잘못 파악한 것이다. 갓난아기가 엉금엉금 기어서 우물로 빠지려고 하는 것은 갓난아기의 죄가 아니다. 또 하늘이 만물을 만들 때는 근본^{부모}을 하나로 했는데, 이지는 그 근본을 둘로 여겼기 때문이다.

아주 옛날에 자기 부모를 장례 지내지 않은 자가 있었다. 부모가 죽자 시신을 들어다가 골짜기에 버렸다. 뒷날 그곳을 지나다가 부모의 시신을 보았는데, 여우와 살쾡이가 뜯어먹고 파리와 모기가 빨아먹고 있었다. 그는 이마에 식은땀을 흘리며, 눈길을 돌리고 차마 그것을 볼 수가 없었다. 식은땀이 나는 것은 남들이 보기 때문이 아니다. 아픈 마음이 얼굴에 도달했기 때문이다. 그는 집으로 돌아와 삼태기와 삽을 가지고 가서 시신을 흙으로 덮었다. 시신을 흙으로 덮은 것이 진실로 옳은 것이라면 효자와 인한 사람이 자기 부모를 장례 지내는 데에도 반드시 도리가 있을 것이다."

서벽이 맹자의 말을 이지에게 전하자, 이지가 한참이나 멍하니 있다가 말했다.

"맹자께서 나를 가르쳐 주셨구나." _「등문공」상. 05

3-3.
농가 VS 맹자—
마음을 수고롭게 하는 자와
몸을 수고롭게 하는 자

신농神農씨의 가르침을 따르는 허행許行이라는 사람
이 있었다. 그가 초나라에서 등나라로 찾아왔다. 궁
궐문에 이르자 허행이 등나라 문공에게 말했다.
"먼 곳에서 살던 사람이지만 군주께서 어진 정치[仁
政]를 펴신다는 소문을 듣고 왔습니다. 집을 한 채 받
아 살면서, 이 나라의 백성이 되고자 합니다."
등문공이 그에게 거처할 곳을 주었다. 허행의 제자들
수십 명이 모두 거친 털옷을 걸치고 짚신을 만들고
자리를 짜서 먹고 살았다. 초나라 유생 진량陳良의 제
자인 진상陳相이 그의 아우 진신陳辛과 함께 농기구를
짊어지고 송나라에서 등나라로 왔다. 등문공에게 말
했다.
"군주께서 성인의 정치를 펴신다는 소문을 들었는

데, 그렇다면 군주께서는 곧 성인이십니다. 저희들도 성인의 백성이 되고자 합니다."

유생인 진상이 농가인 허행을 만나더니 크게 기뻐했다. 자신이 배웠던 유학을 다 버리고 허행에게 배웠다. 진상이 맹자를 뵙고 허행의 학설에 대해 말했다.

"등나라 군주는 진실로 현명한 군주입니다. 그렇지만 아직 올바른 도리는 모르고 있습니다. 현명한 군주는 백성들과 함께 농사를 지어서 먹고 살며, 아침과 저녁도 손수 지어 먹고 나라를 다스립니다. 그런데 등나라에는 양식을 쌓아둔 곡식 창고와 재물을 쟁여 둔 재물 창고가 있습니다. 이것은 백성들을 괴롭혀서 자기 한 몸을 배불리는 증거입니다. 어찌 현명한 군주라 할 수 있겠습니까?"

맹자께서 진상에게 물으셨다. "허행은 반드시 손수 농사를 지어서 밥을 먹는가?"

진상이 대답했다. "그렇습니다."

"허행은 반드시 손수 삼베를 짜서 옷을 해 입는가?"

"아닙니다. 우리 선생님은 거친 털옷을 입습니다."

"허행은 관을 쓰는가?" "네. 관을 씁니다." "어떤 관을 쓰는가?" "명주실로 만든 관을 씁니다." "손수 그것을 만드는가?" "아닙니다. 곡식을 주고 바꿉니다."

"허행은 어째서 손수 관을 만들지 않는가?" "농사짓

는 것에 방해가 되기 때문입니다."“허행은 가마솥과 시루로 밥을 짓고 쇠로 만든 농기구로 농사를 짓는 가?"“그렇습니다.”“그것들은 손수 만드는가?"“아닙니다. 곡식을 주고 바꿉니다.”

맹자께서 말씀하셨다.

"곡식을 가지고 가마솥과 시루 그리고 농기구와 바꾸는 것은 도공이나 대장장이를 괴롭히는 것이 아니다. 또 도공이나 대장장이가 자기들이 만든 물건을 가지고 곡식과 바꾸는 것이 어찌 농부를 괴롭히는 것이겠는가? 그런데 어째서 허행은 손수 그릇도 굽고 쇠로 된 농기구도 만들어 쓰면서 모든 물건을 자기가 만들어 쓰지 않는가? 어째서 번거롭게 장인들과 교역을 하는가? 허행은 어째서 이 귀찮은 짓을 꺼리지 않는가?"

진상이 말했다.

"여러 장인들이 하는 일은 농사를 지으면서 같이 할 수가 없기 때문입니다."

맹자께서 말씀하셨다.

"그렇다면 천하를 다스리는 일만은 농사를 지으면서도 동시에 할 수 있다는 말인가? 대인정치가이 할 일이 있고, 소인백성이 할 일이 있다. 또 한 사람의 몸에는 여러 장인들이 만든 물건들이 다 필요하다. 만약 모든 물건들을 반드시 손수 만들어 사용해야 한다면 온 천하의 사람들을 지치게 하는 것이다.

그렇기 때문에 어떤 사람은 마음을 수고롭게 하고, 어떤 사람은 몸을 수고롭게 한다. 마음을 수고롭게 하는 사람은 남을 다스리고, 몸을 수고롭게 하는 사람은 남에게 다스림을 받는다. 남에게 다스림을 받는 사람은 남을 먹여 살리고, 남을 다스리는 사람은 남에게 얻어먹는 것이 천하의 보편적인 원리이다."

진상이 말했다.

"그렇지만 우리 선생님의 도를 따른다면 시장의 물건가격이 일정하게 되고 온 나라에 거짓이 없게 됩니다. 비록 오척 동자를 시장에 보내도 그 아이를 속이는 사람이 없을 것입니다. 삼베와 비단의 길이가 같으면 가격이 같을 것이고, 삼실과 명주실의 무게가 같으면 가격이 같을 것입니다. 오곡도 분량이 같으면 가격이 같을 것이고, 신발의 크기가 같으면 가격도 같을 것입니다."

맹자께서 대답하셨다.

"물건의 품질이 서로 같지 않은 것이 물건들의 실정이다. 그러므로 가격의 차이가 두 배가 되기도 하고, 다섯 배가 되기도 하고, 열 배가 되거나 백 백가 되기도 하고, 천 배나 만 배가 되기도 한다. 그대가 이것을 일률적으로 같게 하려는 것은 천하를 어지럽히는 짓이다. 대충 만든 신발과 정교하게 만든 신발의 크기가 같다고 가격 또한 같다면, 누가 정교하게 신발을 만들겠는가? 허행의 도를 따른다면 서로를 이끌어서 거짓을 일삼는 것이다. 어떻게 나라를 다스릴 수 있겠는가?"_「등문공」상. 04

3-4.
고자 vs 맹자 ①
― 물의 본성, 사람의 본성

고자告子가 말했다. "사람의 본성은 빙빙 돌면서 소용돌이치는 물과 같은 것입니다. 물줄기를 동쪽으로 터주면 동쪽으로 흘러가고, 서쪽으로 터주면 서쪽으로 흘러갑니다. 사람의 본성에 선善과 불선不善의 구분이 없는 것은 물에 동쪽과 서쪽의 구분이 없는 것과 같습니다."

맹자께서 말씀하셨다. "물에는 진실로 동쪽과 서쪽의 구분이 없습니다. 하지만 위아래의 구분이 없겠습니까? 사람의 본성이 선한 것은 물이 아래로 흘러가는 것과 같습니다. 사람은 선하지 않은 사람이 없고, 물은 아래로 흘러가지 않는 것이 없습니다. 지금 물을 쳐서 튀어 오르게 하면 사람의 이마도 넘어가게 할 수 있고, 물을 막아서 거슬러 오르게 하면 산 위까

지 이르게 할 수 있습니다. 이것이 어찌 물의 본성이
겠습니까? 외부의 힘이 그렇게 만든 것입니다. 사람
이 선하지 않은 것을 하게 되는 것도 이와 마찬가지
입니다." _ 「고자」(告子) 상, 02

3-5.
고자 vs 맹자 ② — 인의는 어디에 있는가?

고자가 말했다.

"식욕과 성욕이 사람의 본성입니다. 인仁은 안에 있는 것이지 밖에 있는 것이 아닙니다. 반대로 의義는 밖에 있는 것이지 안에 있는 것이 아닙니다."

맹자께서 물으셨다.

"어떤 근거에서 인은 안에 있는 것이고 의는 밖에 있는 것이라고 하는 것입니까?"

고자가 대답했다.

"나이 많은 사람을 공경하는 것은 그 사람의 나이 때문입니다. 그러니 그를 공경하는 원리가 원래 내 안에 있는 것이 아닙니다. 이것은 흰 사물을 희다고 여기는 경우와 같습니다. 내 바깥에 있는 것이 희기 때문에 희다고 하는 것입니다. 그래서 의를 밖에 있는 것이라고 합니다."

맹자께서 말씀하셨다.

"흰 말을 희다고 하는 것과 흰 사람을 희다고 하는 것은 다를 것이 없습니다. 하지만 늙은 말의 나이 많음과 늙은 사람의 나이 많음은 다르지 않겠습니까? 그대는 그저 나이 많음을 의라고 여기십니까? 아니면 나이 많은 사람을 공경하는 것을 의라고 여기십니까?"

고자가 말했다.

"내 동생은 사랑하지만, 나와 관계없는 진나라 사람의 동생은 사랑하지 않습니다. 이유는 내 안에 사랑하는 마음이 있기 때문입니다. 그래서 인은 안에 있는 것이라고 한 것입니다. 초나라 사람 중에 나이 많은 사람도 공경하고, 내 나라 사람 중에 나이 많은 사람도 공경합니다. 그 이유는 내 바깥에 나이 많음이 있기 때문입니다. 그래서 의를 밖에 있는 것이라고 한 것입니다."

맹자께서 말씀하셨다.

"진나라 사람이 구운 고기를 좋아하는 것과 내가 구운 고기를 좋아하는 것은 다르지 않습니다. 모든 사물이 다 그렇습니다. 그렇다면 구운 고기를 좋아하는 것도 외재적인 것이란 말입니까?" _「고자」상. 04

3-6.
인의예지는 사지와 같다

맹자께서 말씀하셨다.

"사람은 누구나 '남에게 잔인하게 하지 못하는 마음'[不忍人之心]을 가지고 있다. 선왕들은 남에게 잔인하게 하지 못하는 마음으로 '남에게 잔인하게 하지 못하는 정치'[不忍人之政]를 펼쳤다. 남에게 잔인하게 하지 못하는 마음으로 남에게 잔인하게 하지 못하는 정치를 펼친다면, 천하를 다스리는 것도 손바닥 위에서 움직이는 것처럼 쉽게 할 수 있다.

사람은 누구나 '남에게 잔인하게 하지 못하는 마음'을 가지고 있다고 말하는 까닭이 있다. 갑자기 어린아이가 우물로 들어가려는 것을 보게 되면 누구나 깜짝 놀라 측은하게 여기는 마음을 가지게 된다. 이것은 어린아이의 부모와 친분을 쌓기 위해서도 아니고,

동네사람들로부터 어린아이를 구했다는 칭찬을 받기 위해서도 아니고, 외면했을 때 잔인하다는 오명을 듣기 싫어서도 아니다.

이로 볼 때 남을 측은하게 여기는 마음[惻隱之心]이 없으면 사람이 아니고, 불의를 부끄러워하고 미워하는 마음[羞惡之心]이 없으면 사람이 아니고, 겸손하고 양보하는 마음[辭讓之心]이 없으면 사람이 아니고, 옳고 그름을 판단하는 마음[是非之心]이 없으면 사람이 아니다. 측은지심은 인仁의 단서이고, 수오지심은 의義의 단서이며, 사양지심은 예禮의 단서이고, 시비지심은 지智의 단서이다. 사람이 이 네 가지 단서를 가지고 있는 것은 사지[四肢: 팔다리]를 가지고 있는 것과 같다. 사단을 가지고 있으면서도 스스로 인의를 실천할 수 없다고 말하는 자는 스스로를 해치는 자이다. 또한 자기 군주가 인의를 행할 수 없다고 말하는 자는 자기 군주를 해치는 자이다.

나에게 갖추어져 있는 사단을 넓혀서 채울[擴充] 줄 안다면 불이 처음 타오르기 시작하고, 샘물이 처음 나오기 시작하는 것과 같아진다. 참으로 그것을 넓혀서 채울 수 있다면 천하라도 보존할 수 있다. 하지만 그것을 넓혀서 채우지 못하면 자기 부모조차도 부양할 수 없다." _「공손추」 상. 06

3-7.
생겨나면 어찌 그만둘 수 있겠는가?

맹자께서 말씀하셨다.

"인仁의 핵심은 부모를 섬기는 것이고, 의義의 핵심은 형을 따르는 것이다. 지智의 핵심은 이 두 가지를 잘 알아서 지키고 벗어나지 않는 것이고, 예禮의 핵심은 이 두 가지를 조절하고 보완하는 것이다. 그리고 음악樂의 핵심은 이 두 가지를 즐거워하는 것이다. 마음이 즐거우면 이 두 가지가 저절로 생겨난다. 생겨나면 어떻게 그만둘 수가 있겠는가? 그만두려고 해도 그만둘 수 없는 경지에 이르면 자기도 모르게 발로 뛰고 손으로 춤추게 될 것이다." _「이루」상. 27

3-8.
길러주면 자라지 않는 것은 없다

맹자께서 말씀하셨다.

"우산牛山의 나무들은 예전엔 아름답게 우거져 있었다. 그러나 큰 도시의 교외에 있었기 때문에 사람들이 도끼로 찍어 댔다. 그러니 어떻게 계속 아름다울 수 있겠는가? 낮과 밤으로 자라나고, 비와 이슬이 적셔주고, 새싹이 돋아나지 않았던 것은 아니다. 그러나 이번에는 소와 양이 그것을 뜯어먹어서 그처럼 민둥산이 되었다. 사람들은 산이 반들반들한 것을 보고는 예전부터 나무가 없었다고 생각하지만 그것이 어찌 산의 본래 모습이겠는가?

사람에게 있어서도 애초부터 인의의 마음이 없겠는가? 사람들이 그 선한 마음[良心]을 놓아 버리는 것 역시 도끼로 날마다 나무를 베는 것과 같다. 그러니 어떻게 아름다워질 수 있겠는가? 사람의 선한 마음도 낮과 밤으로 자라난다. 새벽의 맑은 기운에는 좋아하고 싫어하는 것이 다른 사람과 다를 바 없다. 하지만 한낮의 행위가 그 선한 마음의 싹을 흩트려 없애 버린다. 이렇게 없애기를 반복하면 그 싹을 키워 주던 밤의 맑은 기운[夜氣]도 없어지게 되고, 밤의 맑은 기운이 없어지게 되면 사람이 아닌 금수에 가까워진다. 사람들은 금수처럼 된 것을 보고는 원래부터 선한 재질이 없었다고 생각하지만 그것이 어떻게 사람의 본래 모습이겠는가.

그러므로 길러 주면 잘 자라지 않는 것이 없고, 길러 주지 않으면 없어지지 않는 것이 없다. 공자께서 말하기를 '꼭 붙잡으면 여기에 있지만, 버리면 없어진다. 나가고 들어옴에 일정한 때가 없고 어디로 가는지도 알지 못한다'고 했다. 이는 바로 사람의 마음을 두고 말한 것이다."_「고자」 상. 08

3-9.
타고난 앎과 타고난 지혜

맹자께서 말씀하셨다.

"사람이 배우지 않고도 할 수 있는 것을 양능良能이라 하고, 생각하지 않고도 아는 것을 양지良知라고 한다. 어려서 손을 잡고 가는 아이라도 부모를 사랑할 줄 모르는 사람은 없고, 커서는 그 형을 공경할 줄 모르는 사람은 없다. 부모를 가까이하고 사랑하는 것이 인仁이고, 어른을 공경하는 것이 의義다. 인의란 별다른 것이 아니다. 그런 마음을 온 천하로 넓혀 가는 것이다."_「진심」상. 15

3-10.
하늘이 내린 벼슬

맹자께서 말씀하셨다.

"하늘이 내린 벼슬[天爵]이 있고, 사람이 주는 벼슬[人爵]이 있다. 인의仁義와 충신忠信을 행하고, 선善을 좋아하는 것을 게을리하지 않는 것은 하늘이 내린 벼슬이다. 공경公卿이나 대부 같은 지위는 사람이 주는 벼슬이다. 옛사람은 하늘이 내린 벼슬을 닦았기에 사람이 주는 벼슬이 따라왔다. 지금 사람들은 하늘이 내린 벼슬을 닦아서 사람이 주는 벼슬을 요구한다. 사람이 주는 벼슬을 얻고 나서는 하늘이 내린 벼슬을 내팽개친다. 그것은 잘못된 것이다. 그렇게 되면 결국엔 사람이 주는 벼슬도 잃게 될 것이다." _「고자」상. 16

『맹자』

4부
잃어버린 마음을 찾아서

4-1.
정직과 용기가 만든 단단함, 부동심

제자 공손추가 물었다. "선생님께서 제나라의 재상 자리에 오르셔서 도를 행한다면, 제나라가 패자覇者가 되거나 왕자王者가 되더라도 이상할 것이 없습니다. 그러한 지위에 있으면 선생님의 마음은 동요되시겠습니까? 그렇지 않으시겠습니까?"

맹자께서 대답하셨다. "그렇지 않을 것이다. 나는 마흔부터 마음의 동요가 없는 부동심不動心이었다."

공손추가 말했다. "그렇다면 선생님께서는 맹분孟賁: 용기로 유명했던 인물보다 뛰어나십니다."

맹자께서 말씀하셨다. "부동심은 어렵지 않다. 고자는 나보다 먼저 부동심에 이르렀다."

공손추가 다시 물었다. "부동심에 이르는 방법이 있습니까?"

맹자께서 말씀하셨다. "있다. 북궁유北宮黝: 전국시대의 장
사가 용기를 기르는 방법은 피부를 찔려도 꿈쩍하지
않고, 눈을 찔려도 피하지 않는 것이었다. 털끝만큼
이라도 남에게 모욕을 당하면 시장 한복판이나 조정
에서 종아리를 맞는 것처럼 생각했다. 누더기를 걸친
천민은 물론 만승의 군주에게도 모욕당하는 것을 참
지 않았다. 만승의 군주를 찔러 죽이는 것을 마치 누
더기를 걸친 천민을 찔러 죽이는 것처럼 생각했다.
그는 두려워하는 제후가 없었으니, 자신을 험담하는
소리를 들으면 반드시 보복했다.

맹시사孟施舍: 정체 미상가 용기를 기르는 방법은 이러했
다. '승산이 없는 경우에도 이길 수 있다고 생각하며
싸운다. 적을 헤아린 뒤에야 전진하고 승산을 따진
뒤에야 싸운다면 이는 적군의 대병력을 두려워하는
것이다. 나라고 어찌 반드시 이길 수야 있겠는가? 다
만 두려워하지 않을 뿐이다.' 맹시사는 증자와 유사
하고, 북궁유는 자하와 유사하다. 두 사람의 용기 중
에 어느 것이 나을지는 모르겠지만, 맹시사가 용기의
핵심을 잘 지키는 것 같다.

옛날에 증자가 제자 자양子襄에게 말했다. '그대는 용
기를 좋아하는가? 내 일찍이 스승님공자께 큰 용기에
대하여 들었다. 스승님께서는 '스스로를 돌이켜 봐

정직하지 못하다면 누더기를 걸친 사람 앞에서도 벌벌 떨게 된다. 스스로를 돌이켜 봐 정직하다면 천만 명이 몰려와도 당당히 대적할 수 있다'라고 하셨다. 그러니 맹시사가 용기를 지키는 방법도 증자가 내면을 지키는 방법보다는 못하다."

공손추가 물었다.

"선생님의 부동심과 고자의 부동심에 대해서 듣고 싶습니다."

맹자께서 말씀하셨다.

"고자가 말하기를 '말로써 통하지 않는 것이면 마음으로 알려고 하지 말라. 마음으로 알지 못하면 기氣의 도움을 구하지 말라'고 했다. '마음으로 알지 못하면 기의 도움을 구하지 말라'는 주장은 옳다. 하지만 '말로써 통하지 않는 것이면 마음으로 알려고 하지 말라'는 주장은 옳지 않다. 대체로 의지[志]는 기를 통솔한다. 기는 몸에 가득 차 있는 것이니 의지가 움직이면 기도 따라온다. 그래서 '자기의 의지를 잘 간직해서 기를 해치지 말라'고 한 것이다."

공손추가 물었다.

"선생님께서 '의지가 움직이면 기도 따라간다'고 말씀하시고, 또 '자기의 의지를 잘 간직해서 기를 해치지 말라'고 한 것은 무슨 말씀입니까?"

맹자께서 말씀하셨다.

"의지가 한곳으로 모이면 기를 움직이고, 기가 한곳으로 모이면 의지가 움직인다. 사람이 넘어지거나 달리는 것은 기가 그렇게 하는 것이지만, 그것이 마음도 움직이게 한다." _「공손추」상. 02

4-2.
호연지기, 의로움으로 천지를 채우다

공손추가 물었다.

"감히 여쭙겠습니다. 선생님께서는 무엇에 뛰어나십니까?"

맹자께서 말씀하셨다.

"나는 남의 말을 잘 이해하고, 나의 호연지기浩然之氣를 잘 기른다."

공손추가 물었다.

"무엇을 호연지기라고 하는 것입니까?"

맹자께서 말씀하셨다.

"말로 하기는 어렵다. 호연지기의 기는 지극히 크고 지극히 강하다. 정직함으로서 기르고 해치지 않으면 천지 사이에 꽉 차게 된다. 그 기는 의義와 도道를 짝으로 삼는데, 의와 도가 없으면 위축되고 만다. 호연지기는 의가 쌓여서 생긴 것이지 하루아침에 어떤 행위가 의에 부합되었다고 생기는 것이 아니다. 행동하면서 마음에 만족스럽지 않은 것이 있으면 호연지기는 위축되고 만다. 그래서 나는 '고자가 의를 알지 못했다'라고 한 것이다. 그는 의를 외부에서 오는 것이라고 생각했다.

반드시 호연지기를 기르는 데 힘써야 하지만 효과를 미리 기대해서는 안 된다. 마음에 잊어서도 안 되지만 억지로 조장해서도 안 된다. 송나라 사람 같이 해서는 안 된다는 것이다. 어떤 송나라 사람이 벼의 싹이 자라지 않는 것을 안타깝게 여겼다. 그래서 싹을 뽑아 올려주었다. 그는 피로한 기색으로 집에 돌아와 말했다. '오늘은 매우 피곤하다. 내가 싹이 자라는 것을 도와주었다.' 그의 아들이 달려가 보니 싹은 이미 말라 있었다. 천하에 싹이 자라는 것을 조장助長하지 않는 사람이 적다. 호연지기를 기르는 것이 무익하다고 여겨서 내버려 두는 것은 김도 매지 않은 것과 같다. 또 호연지기를 억지로 조장하는 것은 싹을 뽑아 올려주는 것과 같다. 이런 짓은 무익할 뿐 아니라, 도리어 해치는 짓이다."

공손추가 물었다.

"남의 말을 잘 이해하신다는 것은 무슨 말씀입니까?"

맹자께서 대답하셨다.

"편벽된 말을 들으면 그 말을 하는 사람이 어떤 것에 의해 가려져 있다는 것을 알고, 지나친 말을 들으면 그 말을 하는 사람이 어떤 것에 빠져 있다는 것을 알며, 사악한 말을 들으면 그 말을 하는 사람이 도리에서 벗어나 있다는 것을 알고, 회피하는 말을 들으면 그 말을 하는 사람이 궁지에 몰려 있다는 것을 안다. 이것들은 모두 마음에서 생겨나 정치를 해치고, 정치하는 장에서 횡행하면 나라의 대사를 망친다. 성인이 다시 살아오신다 해도 반드시 내 말을 따르실 것이다."_「공손추」상. 02

4-3.
맹자의 군자 ― 대장부와 대인

종횡가縱橫家*의 한 사람인 경춘景春이 말했다.

"공손연公孫淵과 장의張儀야말로 진정한 대장부가 아니겠습니까? 그들이 한번 화내면 제후들이 두려워하고, 그들이 편안히 있으면 천하가 잠잠합니다."

맹자께서 말씀하셨다.

"그들을 어찌 대장부라 할 수 있겠는가? 그대는 예禮를 배우지 않았는가? 남자가 성년이 되어 관례를 할 때는 아버지가 가르치고, 여자가 시집을 갈 때는 어머니가 가르친다. 시집으로 가는 딸을 배웅하며 말하기를 '시집에 가거든 반드시 공경하고 반드시 몸가짐

---

* 뛰어난 언변으로 제후들을 설득하여 제후국 사이의 다양한 연합을 이끌어낸 집단.

을 조심하여 남편의 뜻을 거스르지 말라'고 가르쳤다. 순종을 올바른 도리로 여기는 것은 아녀자들이나 따르는 도리이다.

천하의 넓은 집에 살고, 천하의 바른 자리에 서며, 천하의 큰 도리를 행한다. 뜻을 얻으면 백성과 함께 도를 행하고, 뜻을 얻지 못하면 홀로 그 도를 행한다. 부귀가 마음을 방탕하게 할 수 없고, 빈천이 절개를 꺾을 수 없고, 위세와 무력에도 지조를 굽히지 않는다. 이러한 사람을 대장부라고 한다." _「등문공」 하. 02

제자 공도자가 물었다.

"똑같은 사람인데, 어떤 사람은 대인大人이 되고, 어떤 사람은 소인小人이 됩니다. 어째서입니까?"

맹자께서 말씀하셨다.

"대체大體인 마음을 따르면 대인이 되고, 소체小體인 눈과 귀를 따르면 소인이 된다."

"똑같은 사람인데, 어떤 사람은 대체인 마음을 따르고, 어떤 사람은 소체인 눈과 귀를 따르는 이유가 무엇입니까?"

"눈과 귀 같은 감각기관은 생각하지 못하기 때문에 외부의 사물에 가려진다. 외부의 사물이 하나의 기능에 불과한 눈과 귀에 접촉하면 눈과 귀는 그것에 의해 이끌려간다. 그러나 마음의 기능은 생각하는 것이다. 생각하면 도리를 터득하게 되고, 생각하지 않으면 도리를 터득할 수 없다. 이것은 하늘이 우리에게 준 것이다. 먼저 대체를 확고하게 세우면 소체가 그것을 빼앗지 못한다. 이것이 대인이 되는 이유이다."

_「고자」 상, 15

4-4.
성인도 나와 같은 부류다

맹자께서 말씀하셨다.

"풍년에는 젊은이들이 대체로 착하지만, 흉년에는 젊은이들이 대체로 난폭해진다. 그것은 하늘이 내려 준 재질이 달라서 그런 것이 아니다. 그들의 마음을 빠져들게 만드는 것들이 있어서 그렇게 되는 것이다. 지금 보리를 파종하고 흙을 덮어 준다고 하자. 그 땅도 같고 그것을 파종한 때도 같다면 쑥쑥 자라나 하지夏至에 모두 여물게 될 것이다. 비록 수확량이 다를 수도 있지만, 그것은 땅의 비옥함과 척박함의 차이, 비와 이슬을 다르게 받은 것, 사람의 손길이 다르게 닿은 것 때문이다. 그러므로 같은 종류의 것은 모두 비슷하기 마련이다. 어찌하여 사람의 경우만 의심을 하는가? 성인과 나는 같은 부류의 사람이다. 그래서 용자龍子가 말하기를 '발의 크기를 모르고 신발을 만들어도 나는 그것이 삼태기가 되지 않으리라는 것을 안다'고 했다. 신발이 서로 비슷한 것은 세상 사람들의 발이 같기 때문이다. 그렇다면 사람의 마음에 있어서도 동일한 바가 없겠는가? 무엇이 사람의 마음에서 동일한 것인가? 도리[理]이고 의리[義]이다. 성인은 우리 마음에 동일한 것을 먼저 체득했을 뿐이다." ―「고자」상, 07

4-5.
요순의 도를 실천하면 요순이다

조교曺交: 조나라 군주의 아우가 물었다.

"사람은 누구나 요순堯舜이 될 수 있다고 하는데, 정말입니까?"

맹자께서 말씀하셨다.

"그렇습니다."

조교가 물었다.

"문왕의 키가 십 척약 3미터이고, 탕왕의 키가 구 척이었다고 들었습니다. 제 키도 구 척 사 촌이나 됩니다. 하지만 밥이나 축내고 있으니 이를 어찌하면 좋겠습니까?"

맹자께서 말씀하셨다.

"키가 크고 작은 것이 무슨 상관이겠습니까? 요순의 도를 실천하면 될 뿐입니다. 여기 한 사람이 있습니다. 힘으로 한 마리의 오리새끼도 이길 수 없다면 힘이 없는 사람입니다. 반대로 백 균[군은 30근]의 무게를 들 수 있다면 힘이 있는 사람입니다. 그렇다면 오확烏獲과 같은 장사가 들던 짐을 든다면 오확 같은 사람이 될 것입니다. 사람으로서 어찌 감당하지 못할까만 걱정하십니까? 하려고 들지 않을 뿐입니다.

천천히 걸어서 어른보다 뒤에 가는 것을 공경한다[弟]고 말하고, 빨리 걸어서 어른보다 앞서 가는 것을 공경하지 않다고 말합니다. 천천히 걸어가는 것이 어찌 사람이 할 수 없는 것이겠습니까? 자신이 하지 않는 것입니다. 요순의 도는 효도와 공경함일 뿐이었습니다. 그대가 요임금과 같은 옷을 입으며, 요임금과 같은 말을 하고, 요임금과 같은 행동을 한다면 요임금처럼 되는 것입니다. 그대가 걸왕과 같은 옷을 입으며, 걸왕과 같은 말을 하고, 걸왕과 같은 행동을 한다면 걸왕처럼 되는 것입니다."

조교가 말했다.

"제가 추나라 군주를 뵈면 관사를 빌릴 수 있을 것입니다. 거기에 머물면서 선생님께 가르침을 받고 싶습니다."

맹자께서 말씀하셨다.

"도란 큰 도로와 같습니다. 어찌 알기가 어렵겠습니

까? 다만 사람들이 구하지 않는 것이 문제일 뿐입니다. 그대가 돌아가 구하려고 하면, 나 말고도 다른 스승은 얼마든지 있을 것입니다.” _「고자」하. 02

4-6.
순임금, 아버지를 업고 달아나다

제자 도응桃應이 물었다.

"순임금이 천자로 있고 고요가 법관으로 있을 때, 순임금의 아버지 고수瞽瞍가 살인을 했다면 어떻게 했겠습니까?"

맹자께서 말씀하셨다.

"고요가 고수를 잡아 왔을 것이다."

도응이 물었다.

"그러면 순임금이 막지 않았겠습니까?"

맹자께서 말씀하셨다.

"순임금이 어찌 막을 수 있겠느냐? 고요는 살인을 저지른 사람을 잡아올 임무를 받은 바가 있었다."

도응이 물었다.

"그러면 순임금은 어떻게 했겠습니까?"

맹자께서 말씀하셨다.

"순임금은 천하를 헌신짝처럼 버리고, 몰래 아버지를 등에 업고 달아나 바닷가에 가서 살았을 것이다. 거기서 죽을 때까지 아버지를 모시고 즐거워하며 천하를 잊었을 것이다." _「진심」상. 35

4-7.
백이와 이윤과 유하혜 그리고 공자

맹자께서 말씀하셨다.

"백이伯夷는 눈으로는 혐오스러운 색깔을 보지 않았고, 귀로는 고약한 소리를 듣지 않았다. 자신이 섬길 만한 군주가 아니면 섬기지 않았고, 다스릴 만한 백성이 아니면 부리지도 않았다. 나라가 다스려지면 나아가고, 혼란스러우면 물러났다. 아주 못된 정치가 나오는 곳과 아주 못된 백성이 머무는 곳에는 있으려고 하지 않았다. 예를 모르는 촌사람들과 함께 있는 것을 조복朝服과 조관朝冠을 갖추고 진흙이나 숯더미 위에 앉아 있는 것처럼 생각했다. 주왕이 다스릴 때는 북해의 바닷가에 살면서 천하가 맑아지기를 기다렸다. 그러므로 백이의 태도를 들으면 탐욕스러운 사람도 청렴해졌고 나약한 사람도 뜻을 세우게 되었다.

이윤伊尹은 '어떤 사람을 섬긴들 내 군주가 아니며, 어떤 사람을 부린들 내 백성이 아니겠는가'라고 했다. 그래서 나라가 다스려져도 나아가고, 혼란스러워도 나아갔다. '하늘이 세상 사람들을 낸 뒤에, 먼저 안 사람으로 하여금 뒤늦게 안 사람을 깨우쳐 주고, 먼저 깨달은 사람으로 하여금 뒤늦게 깨달은 사람을 깨우치게 했다. 나는 세상 사람들 가운데 먼저 깨달은 사람이다. 나는 이 도를 가지고 이 백성을 깨우치겠다'라고 말했다. 천하의 백성 가운데 평범한 남녀라도 요순의 혜택을 입지 못한 사람이 있으면 마치 자기가 그들을 구렁텅이에 집어넣은 것처럼 걱정했다. 이는 천하의 중대한 일을 자기 책임으로 여긴 것이다.

유하혜柳下惠는 더러운 군주를 섬기는 것을 부끄러워하지 않았고, 작은 벼슬이라도 사양하지 않았다. 관직에 나아가서는 자신의 현명함을 숨기지 않고 반드시 올바른 도로써 정치를 했다. 군주에게 버림받아도 원망하지 않았고, 곤궁함에 처해도 근심하지 않았다. 예를 모르는 촌사람들과 함께 있는 것에 태연했으며, 차마 떠나지 못했다. '너는 너이고, 나는 나다. 비록 내 옆에서 옷을 홀랑 벗어던진다 해도 네가 어떻게 나를 더럽힐 수 있겠는가?'라고 했다. 그러므로 유하혜의 태도를 들으면 속이 좁은 사람이 관대해지고 각

박한 사람도 너그러워졌다.

공자孔子께서 제나라를 떠나실 때, 밥을 지으려고 물에 담가두었던 쌀을 건져 가지고 떠나셨다. 노나라를 떠날 때는 '더디고 더디다. 내 걸음이'라고 하셨다. 이는 부모의 나라를 떠나는 도리다. 속히 떠나야 하면 속히 떠나고, 오래 머물러야 하면 오래 머물며, 은둔해야 하면 은둔하고, 벼슬해야 하면 벼슬한 분이 공자시다."

맹자께서 이어 말씀하셨다.

"백이는 성인으로서 청렴한 사람이고, 이윤은 성인으로서 책임을 느끼는 사람이며, 유하혜는 성인으로서 조화를 이룬 사람이고, 공자는 성인으로서 때에 맞게 한[時中] 사람이다. 공자는 모든 것을 모아서 크게 이룬 집대성集大成이라고 말할 수 있다." _ 「만장」(離婁) 하(下), 01

4-8.
사생취의 ─ 삶보다 간절한 것

맹자께서 말씀하셨다.

"생선도 내가 원하는 것이고, 곰발바닥도 내가 원하는 것이지만 둘 모두를 얻을 수 없다면 생선을 버리고 곰발바닥을 택할 것이다. 삶도 내가 원하는 것이고, 의義도 내가 원하는 것이지만 둘 모두를 얻을 수 없다면 삶을 버리고 의를 택할 것이다. 삶도 내가 원하는 것이지만 그것보다 더 간절히 원하는 것이 있다. 그러므로 구차하게 삶을 얻으려고 하지 않는다. 죽음도 내가 싫어하는 것이지만 그것보다 더 싫어하는 것이 있다. 그러므로 환란을 피하지 않고 죽는 경우가 있다.

만약 사람들이 원하는 것 중에 삶보다 더 간절한 것이 없다면 삶을 얻을 수 있는 방법을 어떤 것인들 쓰지 않겠는가? 만약 사람들이 싫어하는 것 중에 죽음보다 더 싫어하는 것이 없다면 환란을 피할 수 있는 방법을 어떤 것인들 쓰지 않겠는가? 이런 방법을 쓰면 살 수 있는데도 그것을 쓰지 않는 경우가 있고, 이런 방법을 쓰면 환란을 면할 수 있는데도 그렇게 하지 않는 경우가 있다. 그러므로 사람들이 원하는 것이 삶보다 간절한 것이 있고, 싫어하는 것이 죽음보다 더한 것이 있다. 현자만이 이런 마음을 가지고 있는 것이 아니라 사람들은 모두 그런 마음을 가지고 있다. 현자는 이것을 잃지 않을 뿐이다.

밥 한 그릇과 국 한 그릇을 얻으면 살고, 얻지 못하면 죽는데도 소리 지르고 모욕하면서 내던져 주면 누구라도 받지 않는다. 발로 차서 주면 거지라도 받으려고 하지 않는다. 그러나 만종萬鍾의 녹봉두둑한 봉록은 예의를 따지지 않고 받는다. 만종의 녹봉이 나에게 얼마나 보탬이 되겠는가? 만 종의 녹봉을 받는 이유가 호화로운 집을 얻기 위해서인가? 처첩을 거느리기 위해서인가? 아니면 자신이 알고 있는 궁핍한 사람들이 자신에게 와서 얻어가는 것이 있도록 하기 위해서인가?

예전에 자신을 위해서는 죽어도 받지 않다가 지금은 아름다운 집을 위해서 받고, 예전에 자신을 위해서는 죽어도 받지 않다가 이제는 처첩을 거느리기 위해서 받고, 예전에 자신을 위해서는 죽어도 받지 않다가 자신이 아는 사람들이 자신에게 얻어가는 것이 있도록 하기 위해서 받는다. 이것을 그만둘 수는 없는가? 이것을 '그 본마음을 잃었다'고 하는 것이다." _「고자」 상, 10

4-9.
자포자기

맹자께서 말씀하셨다.

"스스로 자신을 해치는[自暴] 사람과는 더불어 말할
수 없고, 스스로 자신을 내팽개치는[自棄] 사람과는
더불어 일할 수 없다. 말만 꺼냈다 하면 예禮와 의義를
비난하는 것을 스스로 자신을 해친다고 하고, 자신은
인仁에 머물 수 없고 의義를 따를 수 없다고 하는 것을
스스로 자신을 내팽개친다고 한다. 인은 사람의 편안
한 집이고, 의는 사람의 올바른 길이다. 편안한 집을
비워 두고 머물지 않고, 올바른 길을 버려 두고 따르
지 않는다. 슬픈 일이다!" _「이루」상, 10

4-10.
학문, 잃어버린 마음을 찾는 길

맹자께서 말씀하셨다.

"인仁은 사람이 지녀야 할 마음이고, 의義는 사람이 가야 할 길이다. 그 길을 내버리고 따르지 않으며, 그 마음을 잃어버리고 찾을 줄 모르니, 슬프다. 사람들은 닭이나 개를 잃어버리면 찾을 줄 알면서도 마음을 잃고서는 찾을 줄 모른다. 학문의 길이란 다른 것이 아니다. 그 잃어버린 마음[放心]을 찾는 것이다."

_「고자」상. 11

『논어』와 『맹자』 원 구성

『논어』